教え子12人の証言で蘇る——

小　嶺　忠　敏

愛と情熱の指揮官

サッカーマガジン編

ベースボール・マガジン社

情熱、信念、妥協しない姿勢——

初めて小嶺忠敏監督とお会いしたとき、ただならぬオーラを感じました。言葉一つひとつに力があり、取材をするときはいつも背筋がピンとなる。今年でジャーナリスト生活28年目を迎える私ですが、駆け出しのころは小嶺監督の前では緊張の連続で、一方で経験を積めば積むほど、放つ言葉の意味や深さを痛感するなど、いつでも学びを与えていただきました。

小嶺監督の教え子のみなさんの声をまとめて1冊の本を綴るという大役を任されることになり、あらためてこれまでの取材を振り返ってみると、真っ先に頭に浮かんだのは、育成において人間教育を第一に考えていたこと、そして常に妥協をしない姿勢でした。「3年間をかけて立派な人間になれるようにしないといけない」とピッチ内外の行動にも目を向け、ときに厳しく、ときに優しく接する。その姿勢はいつお会いしても変わりませんでした。

本書では12人の教え子のみなさんにインタビューを行ないましたが、どの方からも出て

プロローグ

くるのは情熱、信念、妥協しない姿勢という3つのキーワードでした。島原商高、国見高、長崎総合科学大附高の3つの学校の卒業生から同じワードが出てくるという事実を目の当たりにし、小嶺監督がいかに信念を崩さずに、いつも変わらぬ情熱を持って、選手に厳しく、かつ自分にも厳しく妥協せずに歩み続けてこられたかを痛感しました。

特に長崎総合科学大附高サッカー部の定方敏和監督、村山聡ダイレクターの話をうかがった際には、病気の進行で体が思うように動かない状態でもグラウンドに向かい、選手たちの前では体調不良を感じさせないよう、いつもどおりの厳しい目を向けながらも、暖かな愛情を注ぎ続けていたことに驚かされました。最後の最後まで威厳と愛情を持って選手たちの前で立ち振る舞い続ける。それはまさに『生涯指導者』であることを、身をもって体現し続けた人生そのものであったのだと感じます。

小嶺監督の蒔いた種は、情熱と信念、妥協をしない姿勢を持った指導によって着実に芽を出し、社会に出てから大きな実を結んで色あせることなく、それぞれの立場で躍動を続けています。12人の教え子のみなさんの言葉の数々から、小嶺監督が示し続けてくれた、生きていく上でのヒント、学びを得てもらうことができたら、これほどうれしいことはありません。ぜひ、3つのキーワードを胸に、読み進めていただけると幸いです。

取材担当・安藤隆人

CONTENTS

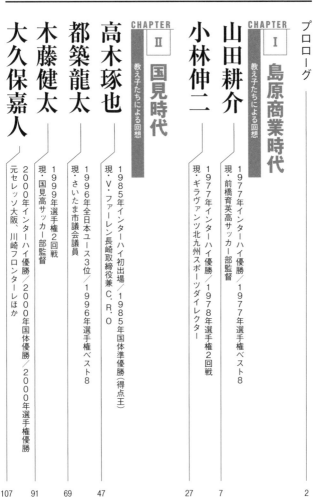

CHAPTER I

島原商業時代

教え子たちによる回想

CHAPTER I
小嶺イズムの証言者

山田耕介

現・前橋育英高サッカー部監督

1977年　インターハイ優勝／1977年　選手権ベスト8

「子どもたちに、指導者側の本気度を伝えることが大事。まさに、小嶺先生の指導法、生き方そのものです」

やまだ・こうすけ● 1959年12月3日生まれ、長崎県南高来郡国見町（現・雲仙市）出身。島原商高では3年時にキャプテンとなり、インターハイ初優勝に貢献。法政大に進み、1年時と3年時に総理大臣杯優勝。大学卒業後の82年に前橋育英高の社会科教諭として赴任。サッカー部監督となり、まだ無名だった同校のチーム強化に乗り出す。85年に選手権初出場。以降も精力的に指導を行ない、2009年にインターハイで初優勝を果たすと、校長となった17年には選手権初優勝。22年にもインターハイを制した。指導歴は40年を超える

小学校時代は大自然の中で遊び
中学時代は監督のいないサッカー部
それでも先生は家にやって来た

小嶺先生との出会いの前に、まずは私の幼少期から中学生までの話をしましょう。

国見町（現・雲仙市）で生まれ育った私は、小学校時代は何かスポーツをやるというよりも、自宅の前が「運動場」でした。家から数十メートルのところに海が広がっていて、潮が引いている昼間は砂浜でサッカーをしたり、野球をしたり、ドッジボールをしたり、とにかく走り回っていました。夕方になって潮が満ちてくると、今度は海で泳いで遊びます。気分がいいときは、そのまま次の波止場まで遠泳をすることもありました。ちょうど島原鉄道の1駅分と、かなりの距離を泳いでいましたね。

そんなヤンチャというか大自然に揉《も》まれながら育った小学校時代を経て、中学は国見中に入り、サッカーを始めます。実を言うと、はじめはサッカーをする気がなく、自分の中では野球熱が高かったので、「中学から野球をやるんだ」と考えていました。ところが、国見中に野球部がなかったため、仕方がなくサッカー部に入ったというのが経緯です。

しかし、当時の国見中はサッカーに力を入れてはおらず、専門的にサッカーを教えられる指導者もいませんでしたし、先輩もそこまでやる気があるわけではありません。私はやるからにはしっかりとやりたい派でしたので、1年生の途中からコーチのように練習メニューやシステムを考えるようになりました。サッカーノートも書くようになり、今日の練習は何をするのか、この試合はどう戦うのかなどを記録していきました。


選手としては素人同然でしたが、大自然で鍛えられた身体能力が生きて、すぐにプレーに順応できました。私の周りもそのような選手が多くて、身体能力を前面に出したサッカーを当時はやっていましたね（笑）。同時に陸上部にも所属し、走り幅跳び、100メートルなどの短距離、2000メートルもやりました。半分サッカー部、半分陸上部で3年間を過ごし、サッカー部では県大会1回戦敗退、陸上部では地域の選抜選手というレベルでした。

高校でサッカーを本格的に続けるつもりはありませんでした。進路の第一希望は、島原半島で一番成績の良かった島原高。学年順位で20位以内に常に入っていないと合格することが難しい高校でしたが、私はその順位内に入っていましたので、受験勉強をしっかりとして島原高に進み、大学に進学して就職しようというビジョンを描いていたのです。

ところが、そんな中学3年生のときに、忘れもしない出来事が起きました。ある日、学校から帰宅すると、見たことのない車が家の前に止まっています。「誰だろう?」と思いながら「ただいま」と自宅に入ると、父が目をまん丸にして「耕介、小嶺先生がいらっしゃっているぞ!」と言うのです。ビックリしました。サッカーを本格的にやるとは言っていませんし、中学の実績だって大したことがありません。それなのにあの、全国大会に出場する島原商高の、小嶺先生が家に来ているというのですから。それまでの先生との接点も、小学校でサッカー教室を開いてくれたときに1度だけお会いしたことがある程度です。すぐに、これはただ事ではないなと思いました。

リビングに行くと、本当に小嶺先生が座っていました。ひと目見た瞬間から、ものすごくオーラがあって驚きました。先生は両親に、「ぜひ耕介君には島原商に来て、サッカー部に入ってはしい」と言いました。両親は首を縦に振りませんでしたが、私は違いました。先生から「サッカー部に入れば全国大会に出られるかもしれないし、天然芝のきれいなコートで試合ができるぞ」と言われたときに、すぐに「行きたい！」と気持ちが変化したのです。しかし、先生が帰られたあとも、両親は「島原高に行きなさい」と言いますし、翌日、担任の先生に報告し、「島原商でサッカーをしたいです」と伝えても、勧められたのは島原高への進学でした。

そこからは「どうやって周りを説得しようか」と考える日々です。まずは担任の先生を納得させてから両親との話をつけようと動いていましたが、小嶺先生も私がいないときに家に行ったり、電話をかけて何度も両親の説得に当たってくれました。そのたびに両親は「耕介は島原高に行きます」と伝えていましたが、先生はあきらめることなく話をしてくださいました。先生の熱心な誘いもあり、私も「どうしても島原商に行きたい」という思いが募っていきます。何度も職員室に通って思いを伝えたことで、ようやく担任の先生にも理解をいただき、一緒に家に行って両親を説得してもらいました。

1カ月ほどかかりましたが、最終的には承諾を得て、晴れて私は島原商に進むことになったのです。

参加初日で「だまされた」思いをつづり始めた『地獄のカウントダウンノート』

年が明けて入学前から島原商の練習に参加することになったのですが、初日で「だまされた」と思いました（笑）。あまりにも厳し過ぎるのです。走りは容赦ないですし、先輩もかなり厳しかった。小学生のときは遊びで、中学生では和気あいあいとサッカーをやってきたものですから、そのギャップの大きさに衝撃を受けました。

「ちょっと待てよ、こんな地獄があと364日プラス2年も続くのか……」と一瞬、目の前が真っ暗になり、あまりの衝撃から、またサッカーノートを書くようになりました。中学生のときは練習内容などを書いていましたが、高校の内容は『地獄の終わりを待つカウントダウンノート』（笑）。「卒業まであと1094日」と毎日、1日ずつ減らしながら、そのときに思ったことを記していきました。小嶺先生には1年生のころからFWのレギュラーとして使っていただきましたが、当時のノートには「俺の選択は間違っていた。これは思っていたものとは違う」とか、「島原高に行けばよかった」などと書いてあります。

遠征のときも大変でした。先生がマイクロバスを運転してくれるのですが、まず学校で多くの部員を乗せて、北上して国見町などに住む選手たちをピックアップしていきます。私の家は国見町の中でも諫早《いさはや》市寄りの一番北にありましたから、私が乗る待ち合わせ場所に到着したころには後部座席が埋まっていて、助手席しか空いていないのです。仕方がないのでそこに座ると、「耕介！　頼む」と大きな地図を渡されて、ひたすら道案内です。たまに私が道を間違えると、「お前は何をやっとるんだ！」と叱られていました。でも、近くに座ったおかげで、先生からはいろいろな話を聞かせてもらえました。いつも世間話をしてくれて、話がうまいので聞き入るときもありました。ときには眠くても寝ることができない地獄もありましたが……。

そうした経緯もあり、先生には本当にかわいがってもらいました。毎日のように職員室に呼ばれてマッサージをお願いされて、肩などを揉みながら、「高校生活はどうだ？」「チームの様子はどうだ？」「1年生から何か意見は出ていないか？」などとよく聞かれました。おそらく、先生は私たち選手の声に耳を傾けながら、どうすればチームがいい方向に行くのかを模索していたのでしょう。練習では本当に容赦なく厳しい方でしたが、そういう部分はすごく繊細で、常に学ぼうとする方だったと思います。いつしか私のノートも、『地獄の終わりを待つカウントダウン』から、次第にポジティブな言葉も書かれるようになっていきました。

身体能力の高い選手をリサーチ
経験ゼロから育て上げた
先生のスカウト能力

1年生のときにはインターハイ、選手権でベスト8を経験させてもらいました。特に感じたのは小嶺先生のスカウト能力です。私もそうですが、当時の先生はサッカーが上手か下手かの判断だけでは選手を獲っていませんでした。おそらく島原半島全体で、身体能力の高い選手をリサーチして声をかけていたのだと思います。私の同級生にも、隣の有明中でバスケットボールをしていて、名前を知らない者はいないほどの天才的な選手がいました。彼も陸上部兼務でよく大会で競い合っていましたが、やはり先生が直接口説きに行き、島原商サッカー部に誘い入れて、3年生になるころには右サイドバックのレギュラーをつかんでいます。このエピソードでも、先生のすごさが分かります。

ほかにも国見中で一番足が速かった陸上部の選手も、私と一緒に島原商に入りました。熊本からは全国中学サッカー大会で上位に入った選手も来ていて、サッカーの上手な選手と身体能力が高い選手とが融合したチームを先生は作っていました。

2年生になると小嶺先生が担任となり、さらに顔を合わせて会話をする時間が増えました。「耕介、1学期だけでいいから学級委員長をやってくれないか？」と春の新学期に言われて渋々引き受けたら、結局1年間やらされるはめに（笑）。それどころか3年生のときも先生が引き続き担任となったことで、結局2年間ずっと学級委員長をやることになりました。

3年生のときはキャプテンも務めましたから、サッカー部の集まりは常に私のクラスの教室です。部員たちは何かあると、「先生は何て言っているんだ？」とか、「先生、怒っているのか？」とみんな私に聞いてくるようになりました。遠征のバスもいつの間にか助手席が私の指定席になっており、上級生になったにもかかわらず地図を片手に寝られない時間が続くなど、もう私は完全に先生の右腕になっていました。そういえば、ある遠征で大雨の中を運転しているときにワイパーが壊れたことがありました。先生がすぐに「耕介！ワイパーを直してくれ」と言うのですが、簡単に直せるわけがありません。すると「よく前を見ていてくれ！」と、壊れたままで運転をしだしたのです。さすがに私1人では怖かったので、前に数人連れて来て、みんなで雨に濡れるフロントガラスをじっと見ながら、障害物がないかなどを確認し続けた、そんな思い出もあります。

先生は猪突猛進。『サッカーを強くする』『選手たちを鍛える』という情熱が、それだけすさまじいのです。多少の問題があろうとも、お構いなしに前に進む。今の社会ではなかなかできないことですが、本当に情熱に満ちあふれた豪快な人でした。

その一方で繊細な人でもありました。前述のように職員室に私を呼んで、チームの状況を聞くことは3年間続きましたし、常に私たちの意見に耳を傾けてもいました。本当に柔と剛を兼ね備えた方だったと思います。

やり切った3年間初の全国制覇で先生が見せた、最初で最後の歓喜の姿

3年生の1年間は、もう敵なしといいますか、どんな相手でも負ける気がしませんでした。九州大会で優勝をしたときに、私たちが喜んでいると、「九州を制したくらいで喜ぶな！」とものすごく怒られました。ですから、「インハイで勝っても絶対に喜ばんぞ」と思っていたのですが、いざインターハイを制して全国大会初優勝を果たすと、みんな喜びを爆発させて、泣きながら小嶺先生に抱きつきに行ったのです。私は九州大会の一件があったので控えめにしていたので「話が違うぞ！」と（笑）。先生も怒るのかと思いきや、一緒になって泣きながら喜んでいました。先生があそこまで喜ぶ姿は初めて見たので驚きましたが、それ以降の話を聞くと、あれほどまでに表立って喜びを表現したのは、最初で最後だったと思います。

最後の選手権は四日市中央工高に負けてベスト8で幕を閉じましたが、先生と過ごした3年間は本当に濃密なものでした。サッカーノートを読み返してみても、カウントダウンは続けていましたが、充実した思い出がたくさんありましたし、たまに「小嶺のバカヤロー!」とか、「何でいつも同じ練習ばかりするんだ!」などの不満は書いてありましたが(笑)、本当に素晴らしい経験をさせてもらいました。久しぶりにノートを見返して笑ったのが、1月の途中からカウントダウンがマイナスになっていて、卒業するときにはマイナス30日以上になっていたのです。それだけやり切ったといえますし、あのころのリアルな感情を思い出すことができるので、今でも大切に保管をしてあります。

実業団ではなく教員の道へ
弱小サッカー部から育て上げ
全国の舞台で恩師に挑む

法政大に進学後、はじめは実業団に進んでサッカーを続けようと思っていたのですが、2年生のころに「学校の教員もやってみたいな」と思うようになりました。教員免許を取るべく勉強をしながらサッカーをし、４年生で教員免許を取得して、小嶺先生に相談をしました。当時、私のもとには富士通やトヨタ自動車のサッカー部から誘いがありましたが、「お前は指導者に向いている」と先生にも後押しされ、教員の道に進むことを決めました。

実は、先生から「教員になるなら、長崎県の教員採用試験を受けなさい」と言われたのでエントリーしたのですが、その試験日が総理大臣杯準決勝とバッティングしてしまいました。当時の法政大の監督には「準々決勝に勝ったら、準決勝には出場することができません」と事前に伝えていたのですが、いざ準々決勝に勝利すると、「お前はサッカーよりも教員採用試験を取るのか！」と怒られ、試合に出ざるを得ない状況になってしまったのです。そして、準決勝に出場したその日の夜、今度は先生から電話がかかってきて、「耕介！お前、なんで来なかったんだ！」と激怒されました。でも、すぐに先生は状況を理解してくれて、卒業後の就職先を一緒に探してくれました。そうしてご縁があり、群馬県の前橋育英高に赴任することができました。

サッカー部の監督となったときも、先生はまだまだ弱小だった私たちを、全国の名だたる強豪校が集まるフェスティバルに呼んでくださいました。武南高や帝京高などの超有名校と群馬の無名校が試合をするわけですから、当然、大差で負けてしまいます。それでも、大山照人監督や古沼貞雄監督などの名将たちが、「小嶺先生がかわいがっている監督だから」と受け入れ、何度も試合をしてくださったのです。

さらに小嶺先生は、本来ならば私たちが長崎に出向かないといけないところを、チームを連れて関東遠征に来ると、わざわざ前橋まで寄ってくれて、練習試合や合同合宿を組んでくださいました。当時の国見高のメンバーには、三浦淳寛（当時は淳宏）や永井秀樹など、のちにJリーガーとなる全国トップクラスの選手がいて、前橋育英の選手たちは本当にかけがえのない経験を積むことができました。そして、試合後にはいつも、学校近くのラーメン屋で先生と酒を酌み交わしながらいろいろな話をしました。

特に印象的だったのが、指導者としての心構えです。「監督としてもだが、教員としてやるべきことをやりなさい。生徒たちの生活指導も含めて、甘くしてはいけない。人間力を磨かないと、どれだけ競技力を上げても将来にはつながらないんだ」という言葉が心に残っています。先生の言葉は本当に心に響くし、指導をするたびにその言葉が思い浮かびました。選手に話をするときも「こういうときに小嶺先生は何て言っただろう?」とか、「こういう言葉をかけていたな」と振り返りながら、ヒントをもらっていました。

そうして、選手権には出場できるレベルにはなりましたが、なかなか勝つことができない時期が続きました。忘れもしないのが1992年度の第71回大会、初めて小嶺先生率いる国見と公式戦で戦ったときのことです。しかも初戦（2回戦）の相手で、ものすごく緊張したことを覚えています。「小嶺先生のチームを倒して、選手権初勝利を」と意気込んだのですが、結果は1－5の大敗。試合後、悔しさを抱えながら一升瓶を持って国見の宿舎に行きました。「先生、点を取り過ぎです。やり過ぎです」と言って渡すと、先生は笑って受け取り、一緒に飲みました。

翌年の第72回大会も、2試合勝てば国見と対戦できるトーナメントになったので、気合を入れて臨みました。1回戦で佐賀商高に5－1で勝ち、待望の選手権初勝利。2回戦も中田英寿のいた韮崎高に3－2で勝ち、3回戦で2年連続となる国見との対戦が実現しました。私自身、勝って前年のリベンジを果たしたい気持ちが強く、試合中も先生の顔を一切見ることはありませんでした。前半に先制し、そのまま逃げ切りたかったのですが、やはり先生のチームは終盤での強度がすさまじく、結局逆転を許して1－2で敗れました。悔しくて仕方がありませんでしたが、試合後にマスコミの方から、「いいチームを作ったな」と言って先生が涙ぐんでいたと聞きました。私と会ったときにはもうケロッとしていましたが、その話を聞いたときは、少しだけうれしかったですね。

指導者であり、人生の師
最後まで情熱を持ち続けた
恩師の背中を追い、現場に立つ

以降も小嶺先生のチームとは何度も対戦を重ねましたが、遠征などでお会いしていつも感じていたのは、選手たちに向き合う情熱と、指導者としての学ぶ姿勢です。私も前橋育英の監督として40年指導をしていますが、今でも迷ったときには先生の言葉が背中を押してくれます。あらためて先生が話していたことで私も実感しているのは、高校サッカーの指導者はあらゆる面での人材育成が重要だということ。レギュラーだからどうこう、サッカーがうまいからどうこうではなく、人間として少しでも成長してほしいと本気で願うこと。そのために、私たち指導者が少しずつ手助けをしていくということです。
プロになれる選手はごくわずか。ほとんどの選手は大学に進むか、会社に勤めて、いち社会人として働いていく。サッカーとの関わりも、働きながら趣味としてプレーしていくのか、観戦をメインとしていくのか、指導者やトレーナーとして周辺で働くのかなど、道はさまざまにあります。つまり、大事なのはサッカーの上手・下手よりも、人間として立派にやっていけるかどうか、なのです。サッカーは子どもを大人にするし、大人をジェントルマンにする。それを手助けすることが、われわれの仕事なのです。そして、仕事の成果を上げるためには、まず私たち指導者が常に『本気』であることです。こちらが本気ではないのに、子どもたちが本気になるはずがありません。まずは、指導者側の本気度を伝えることが大事。まさに、先生の指導法、生き方そのものです。高校時代から見させてもらってきたからこそ、私もその大切さを身に染みて知るようになりましたし、先生の背中を追いかけるように、こうして今も指導の現場に立ち続けているのだと思います。

2021年12月中旬、用事があり電話をしたところ、通話口越しの小嶺先生は声がガラガラでした。「先生、風邪でもひいたんですか?」と聞くと、「おお、そうなんだよ」と言っていたのですが、今思えば、体調を崩していたことを隠していたのでしょう。

その後、長崎総合科学大附高の定方敏和監督から「まだ意識はありますが……」と連絡をもらったときは覚悟をしました。すぐに選手権が始まったので長崎まで行くことができませんでしたが、亡くなられたことを聞いたときは本当にショックでした。同時に、先生は最後までグラウンドに来たかったのだろうなとも思いました。いつも、「わしはグラウンドで死ぬから」とおっしゃっていましたから。本当に最後までサッカー一筋で、選手たちを第一に考えていた先生でした。

「先生側も勉強せんとダメな。サッカーは一生勉強だ。学ぶことが人生だな。人生とは学ぶことなんだよな! 耕介!」

今でも先生の言葉が頭に浮かんできます。先生は私の師匠。サッカーだけでなく、人生の師匠です。そして、いつまでも尊敬する指導者であり、尊敬する人間です。先生から学んだ一番のことは、何事も情熱をなくしてはいけないということ。私も常に情熱を持ち続けながら、これからも選手たちと向き合っていきたいと思っています。

1977年のインターハイを制し胴上げされる小嶺監督

CHAPTER I 小嶺イズムの証言者

小林伸二

元マツダ、ギラヴァンツ北九州監督ほか
現・ギラヴァンツ北九州スポーツダイレクター

1977年 インターハイ優勝/1978年 選手権2回戦

「小嶺先生の情熱は体の芯にあるものだから、いつまで経っても冷めない」

こばやし・しんじ● 1960年8月24日生まれ、長崎県南高来郡国見町(現・雲仙市)出身。現役時代のポジションはFW。島原商高では2年時にインターハイ優勝。指導者を目指して大阪商業大に進学。サッカー部での活躍が関係者の目に留まり、83年にマツダへ加入。90年までプレーした。引退後はマツダ/広島のコーチやユース監督などを経て、2001年に大分監督に就任。その後も清水監督などを歴任し、監督としてJ通算578試合223勝を誇る。現在は北九州のスポーツダイレクターを務める

いきなり家に来た小嶺先生「サッカーのうまいおじさん」が恩師に切り替わった瞬間

忘れもしない、私が初めて小嶺先生に出会ったのは、小学5年生のとき。国見中で先生が開いたサッカー教室に参加したのがきっかけでした。当時の私は、まだ本格的にサッカーをしていたわけではなく、あくまでも遊びの延長線上。技術的にも全然でしたから、その教室で先生が頭でリフティングをして背中にポンとボールを乗せたのを見て、素直に「すごい！」と感動しました。そういうプレーを見たことがなかったですし、「この人はサッカーがうまいんだ」という印象が強く残ったのを覚えています。

その教室には、かなり能力の高い選手もいました。もともと島原半島はサッカーが盛んで、なかでも国見町はサッカーどころ。国見中は強くなり始めていて、全国トップレベルの選手もいました。それもあって、月に1、2回程度、町内の4つの小学校の生徒を国見中に集めてサッカー教室が行なわれていたのです。その教室に参加すると、自然とレベルの高いサッカーを経験できるようになります。難しさよりも楽しさを感じるほうが強く、中学校に進むと私も本格的にサッカーを始めることになりました。

ただ、サッカー一筋というわけではなく、陸上部として短距離走と長距離走もしていました。どちらもそれなりに結果が出せていましたが、楽しかったのはサッカーのほうだったので、「高校ではサッカーに専念しよう」と思うようになりました。


小嶺先生のいる島原商高に進もうと思ったのは、サッカーで全国大会に出たいというよりも、実家が商売をしていたため、「商業高校に行ってほしい」という母親の希望が強かったためです。私も将来は実家を継ぐものだと思っていましたから、簿記などの商売に必要な知識を学びながらサッカーをやろうと考えていました。ちなみに、小嶺先生のご自宅は島原商高から見て南に、私の家は北にあり、高校を挟んでお互いの家があるというロケーションでした。

もちろん、島原商業サッカー部に対する憧れはありました。当時の全国高校サッカー選手権は各都道府県代表の出場ではなく、県大会後にさらに地区予選があり、そこを勝ち抜かないと出場できません。島原商は県で優勝し、西九州ブロックで佐賀県や熊本県代表と戦うのですが、その試合をよく見に行っていたのです。島原商の黒いジャージ、白と黒の縦縞のユニフォームも本当にカッコ良くて、目を輝かせながら見ていましたね。

すると、中学3年生のときに、いきなり先生が私の家に来たのです。本当にいきなりですよ（笑）。その日、サッカー部の先生から「今日、小嶺先生がお前の家に行くかもしれん」と言われて、なんとなく「はい」と答えて、帰ってみると本当にいらっしゃって、母と話をしていました。もう何がなんだか分かりませんでしたね。どういう話をしたかは覚えていないのですが、先生は私を島原商に欲しがってくれました。もともと島原商に進むつもりだったので、「よろしくお願いします」と言ったことは覚えています。

台風が接近する中でも練習
常に一生懸命で
妥協を許さない姿勢を学ぶ

島原商に進むと、私は1年生のときから試合に出させてもらいました。1学年上には、現在、前橋育英高サッカー部の監督をされている山田耕介さんもいて、本当にレベルが高い。上級生についていくのがやっとの状態でした。

特に一番キツかったのは、『焼山《やけやま》の走り』ですね。国見高名物の『たぬき山の走り』よりも勾配が急な、学校の西側にある焼山に向かって走る往復12キロの地獄のロードです。

衝撃的だったのは、1年生のとき。3年生の先輩が折り返し地点の手前でUターンをしたところ、どこで見ていたのか、なぜ把握できたのかは分かりませんが、戻ってきたその先輩に小嶺先生が「何でズルをするんだ！　もう1回行ってこい！」と再度走りに行かせたのです。「この人は絶対に妥協やズルを許さないし、見逃さないんだ」と感じて、「僕は何事も手を抜かずにやろう」と思うようになりました。

誰かに見られている、見られていないに関係なく、常に一生懸命やるということが小嶺先生の教えのベースとしてあります。もちろん、先輩の件もあったので、「どこかで見ているんじゃないか」という恐怖はありましたが（笑）、それが私たちに教えたい大切なことだと早い段階で理解できたので、ここから3年間きっちりと取り組むことができたのだと思います。

『常に一生懸命』についてはもう一つ、下級生のときに忘れられないエピソードがあります。島原半島に台風が直撃する可能性があるとニュースで報じられたとき、学校側から「今日は家に早く帰りなさい」とアナウンスがあり、私たちも「今日は練習がないぞ！」と喜んでいました。ところが、先生は教室に現れると、「サッカー部だけ練習だ！」と言うのです。「本当に？」と思いながら放課後にグラウンドに行くと、先生はすでに全身雨カッパを着てそこにいて、「早くやるぞ！」と。「これは本気で練習をする気だ……」とみんながざわついていると、「心配するな！　全員マイクロバスで送ってやるから、家には帰れるぞ！」と言うのです（笑）。私のような、家が学校の近くではない生徒たちは皆、島原鉄道で通っていましたが、電車は1時間に1本しかなく、台風が来れば止まる可能性もあります。そうなった場合でも、先生は「バスに乗せて送るから」と。誰よりもモチベーションを高く持ちグラウンドに立つ姿もまた、衝撃的でした。

実際にこの日、練習はみっちりとやったのですが、幸いにも台風は進路が変わり、直撃は免れました。すると練習後、先生が「ほら！　俺のカンは当たった。台風は来なかった！」

と笑うのです。「どれだけ豪快な人なんだ」と、二重に衝撃を受けましたね。

ライバルを事前に打ち負かす植え付けられた勝者のメンタリティー

小嶺先生は絶対に手を抜かず、常に本気でした。「今日、先生は出張に行っている」と聞いていたのに、練習後にはグラウンドに顔を出してきてビックリしたこともあります。実は、島原城の天守閣から私たちの練習の様子を見ていたそうなんです。驚きますよね。そんなことがあって以降、3年生から「1年生、先生がいないかどうか見張っとけ！」と言われたこともありましたね（笑）。

先生は本当に出張があったとしても、必ず帰ってきます。長期出張になっても頻繁に戻ってきて練習を見ていましたし、会議があっても「どうせ長い会議に出たって、何も決まらないんだから出なくてもいい」と言っていました（笑）。

裏を返せば、それだけ、私たちに必ず寄り添ってくれていたということ。6月くらいの暑い季節になると、上半身裸になり、「背中を日焼けしておけば冬に風邪をひかないんだ」などと言いながらグラウンドに姿を現していました。私たちも「来た来た、また上半身裸だよ」と言いながら盛り上がっていましたね。

手を抜かない、妥協をしない点は、勝負の面でもそうです。当時、インターハイや選手権の県予選は、準々決勝までは土のグラウンドですが、準決勝と決勝は芝生のグラウンドで行なわれていました。ですから、準決勝まで勝ち進んで以降は県営の芝生のグラウンドを押さえて、そこでひたすら練習をし、ボールも試合で使うものに切り替えていました。今では人工芝グラウンドが多いですし、ボールもいくつも種類を持っているチームが多いので、そうしたことは当たり前ですが、あの頃はそうではありません。当時から、私たちがきちんと試合でパフォーマンスを発揮できるように対策をしてくれていたことは、あらためてすごいことだなと思います。

さらに勝負の面では、例えば「今年の長崎はあの学校が強い」と耳にすると、小嶺先生はすぐにその学校と練習試合を組むのです。インターハイ予選前や選手権予選前は特にそうで、あえて本番でライバルとなるチームと戦う。そうして先に勝っておき、いいイメージを持った状態で公式戦に挑むという流れを作り出します。特に3年生になるとその意味が分かってくるのですが、だからこそ選手たちは、練習試合であっても「絶対に負けてはいけない」という高いモチベーションで臨みます。勝者のメンタリティーを植えつけることを毎年行なう、先生の勝負師たるゆえんですね。

先生は本当に、豪快な部分と繊細な部分とを持ち合わせていました。私自身、指導者になってみて、そうした細部へのこだわりがすごくよく分かります。勝負は細部に宿る。要するに抜かりがないのです。それは、当時高校生ながらも「すごいな」と思っていました。

インターハイ優勝に喜ぶ私たちに振り返りざまに放った「勝って兜の緒を締めよ！」

私が2年生のときに、岡山インターハイで優勝しましたが、そのときにも印象的なエピソードがあります。

大会期間中、私たちは毎日焼肉を食べていました。朝ごはんをとり、試合は10時キックオフ。勝ってお昼ごはんを食べてしばらくすると、小嶺先生は3時のおやつのように私たちを焼肉に連れていきました。最初はみんなもうれしくて、がっつくように食べていましたが、そのわずか2時間後には夕食の時間が来ます。夕食は絶対に残してはいけないルールがあったので、しっかりと食べなければいけません。

ぜいたくな話ではありますが、それが毎日続くと、さすがに「今日の焼肉は勘弁してほしい」と思うようになります（笑）。ところが、焼肉通いの効果か、次第に体が大きくなってくることが分かりました。そして、大会期間中の短い間ですがフィジカルがついた気がして、試合でもかなり動けたのです。今でも不思議なのですが、あの焼肉のおかげで優勝できたのかなと思うくらいでした。

優勝旗を手にし、初めて関門海峡を渡るときは、ものすごく鳥肌が立ちましたし、誇らしい気持ちになりました。先生も、いつもの白いランニングではなく、おしゃれなシャツを着ていて、「先生もうれしいのかな」と思っていたのですが……、そうした喜びも一瞬だけでした。

特急電車で諫早駅に到着。駅には優勝を祝うために多くの人がおり、パレードも行なわれる予定になっていました。そうした盛大な雰囲気に、私たちのテンションも一気に上がりました。ところが、先生はいきなり私たちのほうに振り返ると、真顔でこう言ったのです。

「勝って兜《かぶと》の緒を締めよ！」

みんなキョトンです（笑）。そのときの先生の表情、みんなの雰囲気ははっきりと覚えています。「え？　なんでこんなときにそんなことを言うの？」と。

でも、あのときの言葉を思い出すと今でも身が引き締まりますし、初心に帰ることができます。先生が言葉を使うタイミング、シチュエーションは本当に絶妙でした。だからこそ、今でも人生の教訓になっているのです。

指導者にとって大事なのは、指導論もありますが、伝える相手の感性や感覚を読み取って、適切な言葉を適切なタイミングでかけること。それこそが、小嶺イズムですね。私も指導をする上で、先生から学んだのは言葉の力です。組織を締める言葉、組織に勢いをつける言葉。個人でも当てはまります。緩やかに言うことで耳に残ることもあれば、強く言うことで残ることもある。そういう強弱を、先生は上手に使い分けていたと思います。

日本高校選抜に憧れてサッカーにのめり込んだ日々次第に指導者への夢も

私が3年生に上がるとき、山田耕介さんが日本高校選抜に選ばれてヨーロッパに行きました。私はその姿を見て「サッカーを頑張ると海外に行けるのか!」と衝撃を受けました。

耕介さんが胸に高校選手権のワッペンのついたブレザーを着て出発する姿に刺激を受け、「僕も来年は絶対に行きたい」と強く思い、よりサッカーにのめり込んでいきました。1年生のころからサッカーノートを書いてきましたが、3年生になってからは「山田先輩のように僕も絶対に海外に行く」とずっと書いていました。

「海外のサッカーってどんなものだろう」とワクワクしながらサッカーに打ち込んだおかげで、きつい練習も楽しみながらこなすことができました。いつしか私の中での将来像が、家業を継ぐことから、サッカーでごはんを食べていくことに変わっていきました。さらに、プレーヤーとしてだけではなく、小嶺先生のような指導者になりたいという気持ちも芽生えていきました。そうしたときに、先生の母校でもある大阪商業大からお話をいただきました。サッカーの指導と教師を両方やるならば、体育の先生の免許を取るのがいいと思い、はじめは体育大学に進もうと考えていました。先生に伝えると、「体育の先生にならなくても、指導者になることは可能だぞ」と、私の実家のことも考えて商業大学を薦めてもらったのです。大阪商業大はサッカーも強くて商業科の教員免許も取れますし、家業を継ぐという選択肢も残すことができる。何より先生が師と仰ぐ上田亮三郎監督の下でサッカーを学びたいと思い、進学を決めました。

高校最後の選手権にも出場でき、目標であった日本高校選抜にも選ばれることができました。先生のおかげでサッカーにのめり込むことができましたし、目標を持つ大切さ、目標を達成したときの感情、さらにその先へのモチベーションと、高校で数多くの経験をさせてもらったことは、自分の中で大きな財産となりました。

大学に進学後は、上田監督からサッカーと人間性についての指導を受けました。先生が慕うことが理解できるほど、私の人生に大きな影響を与えてくれました。

当時印象的だったのは、私がオフに長崎に帰ってくるのを先生が楽しみにしてくれていたことです。実家に戻ると、母から「小嶺先生が呼んでるよ」と言われて、よく会いに行っていました。「なんで僕が帰ってくるタイミングを知っているんだろう」と思いましたが、親から私のスケジュールを聞いて、ごはんなどに誘ってくれていたようです。

本当に、私は先生からこれでもかというほどの愛情を注いでもらっていた1人だと思います。だからこそ、ずっと私の中で先生は憧れの存在であり続けました。

最後まで学ぶ姿勢
寄り添う姿勢を崩さず
情熱のままに生き抜いた

先生と生徒の関係でなくなって以降も、小嶺先生は事あるごとに私と話をする機会を作ってくださり、時には先生のほうから学びに来られることもありました。また、結婚の際には仲人にもなっていただきました。

1993年にサンフレッチェ広島ユースを立ち上げて初代監督になったときは、大変お世話になりました。広島ユースの1期生、2期生を受け入れるためには、彼らが通う高校が必要です。練習場のある吉田町（現・安芸高田市）は広島市から離れていますから、地元の吉田高にお世話をしてもらえないかと考え、提携させてもらいました。とはいえ、吉田高は公立高ですので、県外などから来る選手たちは、中学3年生の時点で地元の公立中学に転校をしておかないと入学できません。そのため、吉田中に、3年生の3学期のみ受け入れてもらえないかというお願いをしました。

はじめは、県外の子が入ると地元の子が弾かれるなどの理由で思うように話が進みませんでした。そこで、島原商高、国見高で実際にそのシステムを取り入れてきた先生に、吉田町の町長や教育委員長などの前で話をしてもらえないかとお願いしたのです。先生は快く引き受けてくださり、システムの重要性について話していただいた結果、町長や関係者も「あの小嶺先生が言うなら間違いない」と納得し、了承をいただくことができました。今のサンフレッチェ広島ユースがあるのは、先生のおかげでもあるのです。

その後、私が大分トリニータ、セレッソ大阪、モンテディオ山形、徳島ヴォルティス、清水エスパルスと指揮を執っているときも、先生とはことあるごとに、いろいろな話をさせてもらいました。

ちょうど私が山形の監督を務めていたときのことです。先生から電話がかかってきたのですが、心なしか声に張りがなかったので、「先生、元気がないじゃないですか。飲み過ぎなんじゃないですか？」と聞くと、「ちょっと入院しているんだ」と言われて驚きました。そこでは、それ以上深い話をしなかったのですが、私の妻の実家が先生のご自宅の近くなので、すぐに妻に電話をして先生の状況を聞くと、芳しくないと。妻からも「一度戻ってきたほうがいい」と言われ、山形から飛んで帰り、2人で会いに行きました。そこで先生が大病を患ったことを知りました。しかし、先生は病について一切表に出さず、私たちのころと変わらない情熱と信念でグラウンドに立ち続けていました。私も先生の思いが分かるので、先生にも周囲にも体調のことは言及しませんでした。お会いするときもあれほど大好きだったお酒も飲まず、喫茶店でお茶をしながらサッカーの話をして、「じゃあ、この辺で」と帰られることが多くありました。

2018年は一番多く会話を交わし、小嶺先生との距離がさらに縮まり、あらためて先生のことを知ることができた1年間になりました。前年に清水の監督を退任し、その1年はどこにも所属していませんでしたが、そんな私を気にかけてくださって、「伸二、ちょっと力を貸してくれ」と、長崎総合科学大附高の指導に行かせていただいたのです。遠征にも帯同することがありましたが、私たちのころと変わらず、ホテルではなく遠征先の学校の教室などに泊まります。私にも教室が用意されたのですが、なんと1つの教室に私だけ。先生なりの配慮なのでしょうが、さすがに夜の教室に1人で泊まることは怖くて、スタッフたちのいる教室に「俺もそこに泊めてくれ」と入れてもらいましたね（笑）。

そんな濃い1年間を経て、2019年にギラヴァンツ北九州の監督に就任し、今もクラブで働いています。北九州で仕事をするようになってからも、先生は福岡まで会いに来てくれることもありましたし、中間点の佐賀県で会うこともありました。

先生はとにかく熱い人。何事も一生懸命なのですが、熱さの中に細かい準備もされています。先ほども話したとおり、厳しくはあるけれども、根性論だけで押し切っていない繊細な部分も持ち合わせていました。常に新しいものを学び、取り入れていく姿勢もあり、教え子の私にも、「今年のチームはこのシステムにしたいんだけど、どうすればいいいか」「どう守備を構築しているのか教えてくれ」など、何度も質問をされたことがあります。いつまで経っても先生は先生のまま。情熱も信念も妥協のない姿勢も、一切衰えることがありません。だからこそ、先生の周りにいる人たちは、その熱量と細やかさにどんどん感化されていったのだと思います。「小嶺先生がいるから大丈夫」。それは私だけではなく、多くの教え子たちが感じていたことでしょう。

私の指導者としての礎になっているのも、「最後まであきらめない選手を育む」ということです。妥協しない姿勢を選手全員に求め、たとえプレーがものすごく上手でも、チームのために走れない、体を張れない選手は試合には出しません。技術のある選手に対しても手を抜かずに教育をし、その選手がレギュラーになって、プロでも活躍している現実を見ると、やはり先生のやってきたことは正しかったのだと思います。

先生は最後まで先生であり続けました。息を引き取る寸前まで、ご家族に「国立に行く。車を使えば、このまま寝たままで行けるだろう」と言い続けていたそうです。それだけ、教え子たちに寄り添いたかったのでしょう。人生を終える瞬間までサッカー一色、教え子たちへの気持ちであふれていました。

先生の情熱は体の芯にあるものだから、いつまで経っても冷めないのです。それは物欲や名誉ではなく、選手に対する情熱です。それを持って、私たちにも、今の高校生たちにも接し続けてくれました。私たちは先生から、人生においてベースになるもの、大切なものを最後まで学ばせてもらいました。一方で先生からすれば、私たちに「教えてやっている」という感覚は一切なかったでしょう。

最後の最後まで、本当に先生らしい人生だったと思います。

ハーフタイムに身振り手振りの熱血指導を行なう小嶺監督

CHAPTER

Ⅱ

国見時代

教え子たちによる回想

CHAPTER Ⅱ 小嶺イズムの証言者

高木琢也

元サンフレッチェ広島、V・ファーレン長崎監督ほか
現・V・ファーレン長崎取締役兼C.R.O

1985年 インターハイ初出場/1985年 国体準優勝(得点王)

「『勝負事とはそのとき、そのときが勝負で、1年後、2年後の保証はない』私が監督になってからの信念、教訓に大きくつながっています」

たかぎ・たくや● 1967年 11月12日生まれ、長崎県南島原市出身。現役時代のポジションはFW。国見高では2年時から小嶺忠敏の指導を受け、3年時は国見高としてインターハイに初出場し、その国見高のメンバー中心で構成した長崎県選抜として国体では準優勝(得点王)。大阪商業大、フジタを経てマツダに加入し、93年に広島でJデビュー。98年にV川崎、2000年に札幌を経て現役引退。日本代表としては国際Aマッチ 44試合 27得点。引退後は指導者の道に進み、横浜FC、東京V、熊本、長崎、大宮、相模原の監督を歴任した。23年1月より長崎の取締役兼 C.R.Oを務めている

小嶺先生は、地元のヒーロー。この人の下でサッカーをしたいと、本気で思った中学時代

私にとって小嶺先生は、少年時代から憧れの存在でした。私の実家は島原半島の南にある、原城の近くにありました。先生の実家も近くて、先生が率いていた島原商業高も近くにあったので、「サッカーが強い高校の監督」として認識していました。

当時は島原商でやりたいというよりも、小嶺先生の下でやりたいという気持ちのほうが圧倒的に強かったんです。その理由は、テレビで島原商の試合を見ていると、本当に強くて、何よりも先生の情熱がひしひしと伝わってきたからです。

そして、テレビ越しに見るだけでしたが、試合中に先生の表情が映し出されると、ピッチを見ている目がどこか「優しいな」とも感じました。もちろん地元ですから、先生の厳しさや、本当に怖い人だということは伝え聞いていましたが、ピッチを見る先生の目の優しさに気づいたときに、そこに「この人の真実がある」と感じたんです。ただ厳しいだけ

ではなく、サッカーに対する、選手に対する愛情がある。この先生の下でサッカーを教わることができたら、私は必ず成長できると直感的に考えました。

小嶺先生の指導を見るために、よく島原商に出かけたものです。とはいえ、まだ中学生でグラウンドには入れませんから、高校のそばにある島原城の天守閣まで上りました。私にとってはそこが、練習の様子を見ることができる絶好のスポットだったのです。

中学のサッカー部の練習が終わると、自転車に乗って島原城まで行き、天守閣から選手たちや先生の姿を眺める――。これが本当に楽しくて、より先生に対する憧れを膨らませることになりました。別にサッカーがうまくなりたいとか、全国大会で優勝したいとか、そういう気持ちではなかったと思います。「あの先生の下で学びたい」。純粋に先生一筋でした。

そして、実際にお会いする機会にも恵まれました。私の実家の向かいに、幼いころから通っていた理髪店があるのですが、そこのご主人が先生の従兄弟にあたる人だったのです。私が先生に憧れていることを知ると、「琢也、今度、先生に会わせてやるぞ」と言われて、実際に会うことができました。先生はとても優しくて、「将来は島原商に来るんだぞ」と声をかけていただきました。リップサービスもあったと思いますが、もうその一言で「絶対に島原商に行く」と心に決めていました。

突然聞かされた衝撃の事実 島原商ではなく国見への進学を決断した背景

本来ならば自宅から通える島原商に進むつもりだったものの、なぜ国見高に進学先を変更したかというと、小嶺先生が異動になることを耳にしたからです。中学3年生のときに、その理髪店に行くと、「どうやら再来年に国見に異動になるらしい」と。先生のご親族の方が言われているので、これは本当のことなんだと思いました。島原商に進んで1年間だけ先生に指導を受けるのか、国見に進んで1年間は対戦相手となり、残り2年間で指導を受けるのか――。どちらがいいかと考えたときに、選択は後者でした。

当時の国見は県大会でベスト8に行けるかどうかのレベルでしたが、国見町は以前から、長崎県内屈指のサッカーが盛んな地域でした。多比良《たいら》小（現・雲仙市立多比良小）のチームである多比良ＳＳＳは全国大会に出場するほど強く、そのメンバーが国見中に進学し、そこから島原商や全国の強豪校に進んでいくという流れができていました。もし先生が赴任をすれば、絶対に国見が強くなる――。そう考えたのも、国見進学を決めた理由でした。

とはいえ、当然このことは、両親以外に誰にも言うことができません。周りはみんな私が島原商に進むと思っていましたから、進路指導の際に「国見に行きます。国見町で下宿をします」と言うと、担任の先生には「なぜ島原商じゃないいんだ？」とさんざん言われました。理由を知らない人からすれば、意味が分からないですよね。サッカーがそこまで強くない高校に、下宿までして行こうとしているのですから。それでも、何とか自分の意志を押し通して、担任の先生からもＯＫをもらうことができました。

そういえば卒業のときに、体育の先生からいきなり、「タク、頑張ってこいよ。お前ならやれるからな」と声をかけられて、「え？」と思ったんです。よくよく考えると、その先生も小嶺先生のご自宅のすぐそばに住んでいましたから、そのときには、もう異動の話も、ある程度広まっていたのかもしれませんね。

高校1年生のときは、翌年から先生が来ることを想定して、自主トレなどを積極的にして鍛えていました。先生が来たときに信頼してもらえるように、あの教えを受けるときに自分がレベルアップしているように、とにかくサッカーに打ち込みました。ちなみに、当時はまだ丸刈りではなく、髪型はみんな自由でした。

ただ、先生が来るという話が伝わってくると、上級生は次々と辞めていき、年度末に正式に先生の赴任が決まったときに新チームに残っていたのは、3年生が2人、私たち2年生が4人だけでした。その代わり、先生が地域の優秀な中学生を20人近く連れてきたので、新チームはほぼ1年生主体のチームとなりました。

自由から一変、味わった真の厳しさ
全国王者への出稽古で感じた
先生の情熱と執念

初めの数カ月は驚きの連続でした。それは厳しくなったからではなくて、小嶺先生が優しかったからです。丸刈りになることも覚悟していたのですが、そうはならないし、練習も普通で、先生がそこまで口を出すこともありませんん。正直、拍子抜けしました。

でも、それは先生なりの手法だったのです。どこか緩い雰囲気のままインターハイ予選を迎えて、私もＦＷとして出場をしたのですが、初戦で負けてしまいました。

そのあとでした。「お前ら、自分たちの今の力が分かっただろう」という一言から、先生の指導は激変しました。自由だった頭髪もすぐに丸刈りになり、練習の強度も倍以上に。まさに、１８０度変わりました。それまで優しかったのは、自分たちの実力を知らしめるために、あえてやっていたことだったのです。まず、自分たちの現在地を痛いほど感じさせることで、這い上がる気持ちを持たせる。「さすがは先生だ」と思うのですが、当時はあまりの豹変ぶりに、ついていくのがやっとでした（笑）。

国見の伝統となるもので、私たちの時代から始まったのが、１５００メートルを5分以内に走る練習です。通常の楕円形の陸上トラックならいいのですが、先生は三角形にコースを作ります。「ユースの日本代表選手は、こんなの5分以内でみんなクリアするぞ」と言っていましたが、コーナーが鋭角でターンが難しいコース。しかも、設定された5本を走らなければならず、何度やっても5分以内に入れるのは3本までが限界でした。結局、残り2本は誰もクリアできなかったため、途中からはグラウンドにある200メートルのトラックを5周、1000メートルを3分30秒以内に走る設定に変更となりました。追い込むときにはそれを10本。2班に分かれてインターバル形式で行なうのですが、本当にきついんです。

小嶺先生が一切の妥協を許さず、あまりに厳しいため、インターハイ予選後に2人いた3年生が辞め、ついに2年生が私を含めて4人、残り全員は1年生という状況に。必然的に私がキャプテンとなってチームを引っ張ることになりました。そうした厳しい練習とともに始まったのが、先生自らが運転をしてのマイクロバスを使った遠征でした。九州や中国地方、関西の強豪校との練習試合はもちろん、このときに集中的に行なったのが、島原商への『出稽古』でした。先生が異動したとはいえ、島原商には先生が2年間みっちりと鍛えてきた3年生がそろっているわけですから、実力は間違いなく全国トップレベル。先生からすれば、チーム強化のためには、島原商のグラウンドに出向くのが打ってつけだったのでしょう。

尋常ではなかったのが、その回数です。インターハイ予選後から選手権予選までの2～3カ月間、毎週試合をしに行くのです。それも、週1回どころか週2～3回と、ものすごい頻度でした。島原商には小・中学校時代にお世話になった先輩もいましたが、さすがに「何でお前らがいつも来るんだよ。練習にならねえよ、こっちは」と言われてしまいました。そんなことはお構いなしに、先生は練習試合を組み続けて、ひたすら出稽古に行くんです。

地獄だったのは、島原商伝統の『焼山の走り』を、私たちにも課されたことです。学校のグラウンドから近くにある焼山の頂上付近までを上り下りする、往復12キロを走るのですが、傾斜が急で、のちに国見の伝統になる『たぬき山の走り』よりもきついコース。しんどくなったときに、途中の民家で「すみません！ 水を飲ませてください！」とお願いすると、あっさりと「おう、そこの水飲んでいいぞ」と（笑）。それだけ、周辺の人たちにとっては当たり前の光景だったんでしょうね。本当にこの走りはキツかったです。

肝心のサッカーのほうも、私たちにいくら有望な1年生がいたとはいえ、3年生はおらず、2年生も数人ですから勝てるわけがありません。最初のころは大差がつくことがしょっちゅうでした。

それでも不思議なことに、毎週のように何度も当時の高校サッカー界の横綱に挑んでいくうちに、どんどん自分たちが強くなっていくことが分かりました。遠征に出ても、徐々に名のある強豪校にも勝てるようになっていったのです。この過程で、小嶺先生の執念と情熱をまざまざと見せつけられた気がしました。先生が誰よりも強い気持ちを持って接してくれたことで、選手みんなも、途中からは「何が何でも1点は取ってやる」「何が何でも1勝はする」と、執念を持つようになっていきました。

結果として、その年の選手権予選では決勝まで勝ち進んで島原商と対戦し、決定機を作るなど、かなり拮抗した試合を演じることができました。スコアは0－1で惜敗しましたが、その後の選手権で帝京高と両校優勝するチームを、1、2年生のみのチームで最後まで苦しめたのです。後々に島原商の先輩たちに会うと、「俺たちは絶対に国見とはやりたくなかった」と言われるくらい、最後のほうは私たちがすさまじい執念を見せて戦っていました。「ああ、こうやって先生のチームは強くなっていくのか」と、その過程をリアルに感じ取ることができた出来事だったと思います。

こうして結果を残すことで大きな自信をつかみ、以降はチーム力が格段に上がりました。私が3年生に進級する直前の3月には、古河フェスティバルで優勝。古河フェスティバルといえば、当時、古河一高を筆頭に全国の名だたる強豪校が一堂に介する、高校サッカー界きってのレベルの高いイベントでしたが、そこにまったく無名の国見が初めて乗り込み、いきなり勝つことができたのです。しかも、決勝の相手は強豪中の強豪だった清水商高（現・清水桜が丘高）。周りは「なんだ、あいつら！『こくみ』ってどこの高校だ？」とかなり驚いていました。全国に一度も出たことがない、県ベスト8止まりだったチームが、先生が来てたった1年で県決勝まで勝ち上がって全国王者を苦しめ、新チームはいきなりフェスティバルで優勝。自分たちでも驚くほどチームは強くなっていきました。

ヒントを与えて考えさせる指導「ワンタッチ以外するな」で得た成長と最後に学んだ勝負事の厳しさ

新チームは幸先の良いスタートを切ったものの、小嶺先生の指導はさらに厳しくなり、ついに新3年生は私1人になってしまいました。

それでも新1、2年生たちが頼もしい存在だったので、チーム力はさらに上がっていきました。遠征も、先生がひたすら長距離運転をして、全国各地に赴くようになりました。当然、観光なんてする時間はありません。ただひたすらサッカーに打ち込み、走りと移動を繰り返す日々でした。

印象的な出来事がありました。先生から突如、「お前はワンタッチ以外するな」と言われたのです。私は高さと強さには自信があって、ポストプレーを得意としていたのですが、それらを「ワンタッチでやれ」と。練習でも試合でも、常にワンタッチプレーを求められました。とはいえ、いざ試合となるとワンタッチではさばけない局面も出てきます。ある試合でワンタッチは厳しいと判断し、スリータッチをして収めて味方につなげたことがありました。そのプレー自体は成功したのですが、直後に、先生にベンチ前まで呼び出されて、「何でツータッチ以上したんだ！」と烈火の如く怒られました。

「なんて無理難題を押し付けてくるんだ」と心の中で思ったのですが、よく考えていくと、それは、これまで以上に考えてポジションを取り、正確なファーストコントロールを身につけなさい、という先生なりのメッセージだったのです。周りの選手たちも、私がワンタッチプレーしかできないことを知っているわけですから、それができるように考えてポジション取りや動き出しをしなければいけません。

つまり、シンプルにプレーすることの重要性と、それに向けてしっかり準備をすることの大切さを、私たちに教えてくれていたのです。先生は決して答えを言わず、ヒントだけを与えて選手たちに考えさせる指導をします。このとき私が受けた指導が、まさにそれでした。

ワンタッチ限定は2カ月くらい続き、その間私は、どうすればワンタッチで味方につなげられるか、ボールを落としたあとにどのようにゴール前に行くかなど、自分なりに考えながらプレーをしました。それを続けたことで、オフ・ザ・ボールの動きがかなり鍛えられ、いざワンタッチの束縛から解放されたときには、自分のプレーの引き出しが一気に増えていました。

そうした努力の甲斐があり、夏のインターハイではついに県予選を制し、全国大会初出場を手にすることができました。これは本当にうれしかったですね。本番では思うような結果は残せませんでしたが、秋の国民体育大会（国体）では、国見のメンバーを中心に構成した長崎県選抜で準優勝。私も得点王を獲得することができ、大きな自信につながりました。

憧れの先生との日々は本当にキツかったのですが、同時に毎日がすごく充実していて楽しくもありました。個人的な成長も実感できたし、何より、チームがどんどん強くなっていく過程を目の当たりにすることができましたから。

しかし、先生の本当のすごさを心から感じたのは、最後の最後の場面。高校ラストとなる選手権予選でのことでした。

当時の私たちは「自分たちは敵なしだ」と考えていました。長崎県を制して選手権に初出場し、全国優勝に向けて突き進むのは当然だ、と。ところが、予選準決勝で、後にサンフレッチェ広島で同期となるＧＫ前川和也を擁する平戸高に負けてしまったのです。このとき私は、先生が１年前に口にした言葉を思い出しました。それは、前年の選手権予選決勝で島原商に敗れたあと、ロッカールームで開口一番に発した言葉です。

「お前ら、逃した獲物は大きいな」

正直、この言葉を聞いたときは、先生が何を私たちに伝えたかったのか、よく分かりませんでした。「何を言っているんだ。来年はもう俺たちの時代だぞ」と。おそらく、私だけではなく、チームメイトも皆、そう感じていたと思いますが、完全にそれは慢心だったのです。

平戸に負けて、「先生があの時に言っていたのは、こういうことだったのか」と思い知らされました。勝負事とはその時、その時が勝負で、1年後、2年後の保証はないんだぞ、と。それはのちに、私が監督になってからの信念、教訓に大きくつながっていきます。先生には人間としてだけではなく、勝負師としても本当に鍛えてもらいました。

人間形成、選手形成のすべてを小嶺先生が叩き込んでくれたイズムを引き継ぎ、指導者の道へ

小嶺先生のすごさは、高校を卒業してからも気づくことばかりでした。先生は常に、関

東の強豪校を照準にして指導をしていました。九州の片田舎のチームが、どうすれば東の強いチームに勝つことができるのか――。そのためには、毎日の練習の意識とレベルを引き上げなければいけませんし、実際に試合で体感し続けることが重要だということを、言動で示してくれていたのです。

当時から国見のディフェンスはマンツーマンでしたが、それは走力がなければ実現できません。サッカーはグループで戦いますが、突き詰めれば個と個の戦いの上にグループがあり、それがチームになっていく。つまり、個人のベースをより高い位置に持っていかなければ、チーム力は上がっていきません。そのための指導を、先生はしてくれていました。また、相手に隙を与えないサッカーをするためには、日頃から自分たちに隙があってはいけません。勝負事への厳しさと仲間との連帯感の大切さ、その両方を知るチームにしようとしてくれました。私の代では最後の最後に勝負事への甘さが出てしまいましたが、後輩たちは翌年、2年連続出場のインターハイで優勝し、初出場を成し遂げた選手権ではいきなり準優勝に輝きました。ここから、国見の黄金期は幕を開けたのです。

国見での2年間で、私は自分の高さと強さを生かすことをひたすら考えながらプレーすることができました。ただ単に自分の武器に頼るのではなく、さらに磨き上げていく大切さを教えてもらったのです。

島原商との執拗なまでの練習試合、走り、積極的な長距離遠征などで精神的なタフさを身につける一方、小嶺先生は各選手が持っている長所を生かすことが本当に巧みで、個々の能力がどんどん引き上げられていきました。私も、その一人。おかげで大阪商業大に進んでも成長することができ、サンフレッチェ広島、そして日本代表にも入ることができました。

私は現役時代、先生をはじめ、「この人について行ったら大丈夫」という何人かの指導者に恵まれました。実際に「この人の下でやったら勝てるんじゃないか」と感じたときは、本当に成長するんです。もうフィーリングですよね。自分が指導者になったときは、私自身もそういう存在になりたいと思っていました。

そして、指導者になって、あらためて先生が言っていたことが「こういうことだったんだな」と感じることが多くありました。

例えば、どうしても監督になると、自分の理想のサッカーをするのか、勝つサッカーをするのか、判断が難しいときがあります。自分の思うように選手を動かすことに躍起になってしまうと、選手個々の将来とイコールにならない部分が生じてきます。

どちらを優先するべきかという葛藤を抱えたとき、「小嶺先生はどうしていたか」と思い返すと、常に選手の行く先々を考えていたことに思い当たるのです。もちろん高校生とプロは異なりますが、いかに個々の特性を伸ばしてあげられるかは、指導者として重要な要素です。先生と同様に、選手個人の武器や特徴をより引き出せるようなアプローチを、強く意識しました。

もう一つは、チームに『ファミリー感』を醸し出すことです。小嶺先生も、サッカーから離れたら普通の優しい人でした。私もピッチでは厳しさを持って選手たちに接しましたが、例えば選手が誕生日を迎えたときに、「おめでとう」の言葉だけでは寂しいですから、必ずケーキを用意するなどの心配りも忘れませんでした。

先生はいつまでも学ぶ姿勢を忘れない方でした。私がV・ファーレン長崎で指揮を執っていたときに、「今のディフェンスはどうしているんだ？」と初めて質問されたことがありました。「僕はこうしていますよ」といろいろお話をすると、「おお、そうか、じゃあそういうふうにしてみる」と。先生はそのとき、長崎総合科学大附高の監督をしていましたから、今のサッカー界の潮流や、実際に私たちプロが取り組んでいることを聞いて学び、実践していたのでしょう。

先生は過去の実績にあぐらをかくことなく、新しいことや、まだ取り組んでいないことを聞くと、実際に自分の目で確かめに行くような方でした。いいものを取り入れようとする姿勢は素晴らしいですし、そこは私も経験を重ねていったとしても見習っていきたいところです。

小嶺先生は私の人生を切り開いてくれた存在人生の師匠です

最後に小嶺先生とお会いしたのは、私がＳＣ相模原の監督をしていた２０２１年９月、

V・ファーレン長崎とのアウェーでの試合があったときのことです。長崎総合科学大附がいつも使っている、長崎県スポーツ協会人工芝グラウンドで前日練習を行った際に、自分で車を運転して来てくださって、そこでお話をしました。

私自身、指導者としてのキャリアも長くなってくると、いろいろなチームに教え子がいますし、なかには引退する選手も出てきています。そうした教え子たちが指導者を目指している、実際に指導者になっているなどと耳にすると、本当にうれしいんです。そう考えると、先生も、私が指導者になったことを喜んでくれていたのかもしれません。

先生のことを、みんなは「最初は優しい人」と言いますが、本当はいつもずっと優しい人なんだと思います。サッカーに関しては厳しかったけれど、厳しさは優しさの裏返し。お茶目なところだってあった人だと思うのです。

私にとって、先生の存在は自分を形成するすべてです。先生の教えがなければ、この私の人生はなかったと思います。まさに、人生の師匠です。

これからも先生への感謝の思いを持ち続けながら、サッカーに関わっていきたいと思います。

インタビューに答える国見高時代の小嶺監督

CHAPTER Ⅱ 小嶺イズムの証言者

都築龍太

元ガンバ大阪、浦和レッズ、湘南ベルマーレ
現・さいたま市議会議員

1996年　全日本ユース3位／1996年　選手権ベスト8

「大きな気づきと学びを与えてくださり、私の軸となる部分を形成してくれた、偉大な存在」

つづき・りょうた● 1978年4月18日生まれ、奈良県生駒郡平群町出身。現役時代のポジションはGK。国見高では3年時に全日本ユース選手権3位。97年にG大阪に加入。2000年にシドニーオリンピックに出場。03年に浦和に移籍し、07年はリーグ戦33試合に出場するなど好パフォーマンスを披露し、Jリーグベストイレブンに選出された。10年途中に湘南に移籍し、このシーズンを最後に現役引退。日本代表としては国際Aマッチ6試合出場。15年よりさいたま市議会議員（現在2期目）を務めている

突然自宅に現れた小嶺先生
強烈なオーラを感じ
「自分を任せられる」と

奈良県生駒郡平群《へぐり》町で生まれ育った私は、小学生でサッカーを始めたころから全国高校サッカー選手権大会に憧れていたので、よくテレビ中継を見ていました。そのときに、国見高を率いている小嶺先生の存在を知りました。黄色と青の縦縞のユニフォームはずっと印象的でしたが、とはいえ私には縁のない高校だと思っていました。というのも、地元の強豪校である奈良育英高に進もうと考えていたからです。中学（平群町立平群中）のサッカー部ではGKとしてプレーし、3年夏には全国中学校サッカー大会に出場して活躍することができ、大会優秀選手にも選ばれました。それもあって、奈良育英から特待生枠でのお誘いをいただき、「行きます」と伝えていました。ですから、その時点で私の進路はすでに決まっていた……はずだったのです。

ところが、9月のある日、中学校の先生に呼び出されて職員室に行くと、「お前、小嶺先生のことは知っているか？」と。どういうこと？　と思いながらも、「知っています」と答えると、「明日、小嶺先生がお前の家に行くから、親に言っておきなさい」と言われました。ビックリですよね。奈良育英に行くことは決めていましたし、「冗談でしょ？」と。

自宅に帰って親に伝えると、親もまったく同じリアクションでした。

「何かお土産とか買ってきたほうがいいのかな」と、どうしたらいいのか分からず、親も私も大慌て。自宅を掃除して、親はお酒などを買いに行きましたが、お酒を一切飲まないので、「何の種類がいいんだろう」と慌てふためいていました。さらに「小嶺先生がいらっしゃるなら、小嶺先生にまつわるものも何か買わなきゃ」と一緒に本屋に行き、先生の本と、なぜかテレフォンカードも買いました。その日の都築家はもう、本当にバタバタでしたね。実はちょうどそのとき、隣の京都府の西京極陸上競技場で、先生が監督を務めるU－17日本代表の試合があり、翌日、京都から立ち寄れる場所にあった私の自宅にあいさつに来る、という流れになったらしいのです。

そして、いよいよ小嶺先生がやって来る時間になりました。もう家族全員がドキドキです。テレビで見ていた先生が自分の家に来るなんて、信じられませんでしたからね。車が到着し、先生が降りてきたときの衝撃は今でも忘れられません。それまで感じたことがないような、何か強烈なオーラを感じたからです。先生がどのような方で、どんな指導をするのかはまったく知らない状態でしたが、この強烈なオーラを感じたときに、直感的に「この人なら自分を任せられる」と思いました。先生といろいろな話をしたのですが、正直なところ、細かい内容は覚えていません。それでも、「国見に来てほしい」と言われたときは、「はい、行きます」と自然に答えが出ていました。やはり、私のなかで先生から感じたカリスマ性に惹《ひ》かれたことが大きかったのかもしれません。今考えれば、奈良育英には本当に申し訳ないことをしましたが、あのときは純粋に、「国見でサッカーをしたい」と思ったのです。

先生が帰られたあと、私の4つ上の平群中の先輩で、三浦淳寛（当時は淳宏）さんと国見で同級生に当たる方が近所にいたので、「国見ってどんな高校ですか?」と聞きに行きました。練習が厳しいことなどいろいろ話をされて、「お前、本当に行くのか?」と。それでも「もう行くって言っちゃいました」と答えたのは、今でも覚えています。

国見での日々がスタート
小嶺先生から感じた
厳しさの中の温かさ

厳しい環境であることに覚悟を決めて、私は国見に進みました。

初めて奈良を離れて長崎に来てみると、山もあり海もあり、のどかなところだなと感じましたね。ちょうど私たちが入学するときに寮が完成し、1期生として入寮することができたので、部屋はきれいで快適でした。これは多くの人が口にすると思うのですが、小嶺先生は、最初はものすごく優しいんです。初めの2~3カ月はマジックペンで大きく自分の名前を書いた白いTシャツを着て練習をするのですが、これを着ている間は、本当に優しく接してくれます。

しかし、その『スイッチ』はいきなり入りました。当時は、インターハイ予選がその年最初の公式戦。私はAチームには入っていませんでしたが、「県予選は楽々突破して、全国に行くんだろう」と考えていました。ところが、初戦でまさか、進学校を相手にＰＫ戦で敗退。「国見がこんなところで負けるのか」と衝撃的でした。

そして地獄のスタートです。試合後、すぐに百花台公園サッカー場（※国見高から『たぬき山』を上った先にある県立公園）に行き、ハードな練習を行ないました。もちろん、今までお客さん扱いだった私たち1年生も……。ここから、毎日の練習をやり切ることしか考えられないほど、苦しい日々が続きました。この1年が本当に大変で、5年くらいの長さに感じたほどです。

私の同級生にはU－16、U－17の日本代表に選ばれていた中川雄二（元カターレ富山／現・ヴァンフォーレ甲府ＧＫコーチ）がいましたから、彼に負けないために、正ＧＫの座をつかむために、全力でサッカーに打ち込みました。先生は一言で言うと、『絶対に負けたくない人』なんです。私たち選手に対してもそうなのですが、自分自身に対しても一切妥協を許しません。どんなときでも、練習をやると言ったら必ずやる。「今日はこれくらいでいいよ」と言うことは一度もありませんでした。しかも、ただやらせるだけではない。その一部始終を必ず見ています。どんな天気でも、どんなに長時間でも、先生はとことん私たちに付き合ってくれました。先生は、相当厳しい人であることは間違いないのですが、同時に、不思議な人でもありました。それは厳しさの中に、メッセージを感じたからです。

小嶺先生の話をよくよく聞いていくと、チーム全体に対しては口うるさく言うけれど、個々人に対してはそこまでうるさくはないことに気づきました。全体的にたるんだプレーをしたときにはカミナリを落としますが、いわゆる個人攻撃というものはあまりなく、必要以上に責めることもありません。選手個々のことをよく観察し、余白を与えながら諭しているような印象を受けました。基本的に先生は、「自分で考えなさい」というスタンスを最後まで崩しませんでした。答えをまったく言わず、ヒントばかり与えているような印象もありました。

そうした先生の姿勢を見せられると、私たちも自然に「妥協しちゃダメだ」という意識を持つようになっていきます。手を抜くような選手を、先生は決して見逃しません。当然、そんな選手は、Aチームに上がることもできません。

正直に言えば、AチームにいるよりもCチームにいたほうが楽です。私たちのときにも、サッカーはすごくうまいけれど、向上心がなく、「このままでいいや」という様子でCチームに留まっている選手も中にはいました。それはそれで個人の自由ではあるのですが、私自身は、うまくなくても這い上がっていこうとする気持ちのある選手が好きですし、自分もそうありたいと思っていました。

そして、先生はそういう向上心を持った選手を絶対に見逃すことなく、Aチームに抜擢するのです。私たちの代でも、中学まで他の部活で、まともにサッカーをしていなかった岩永信介が、いきなり1年生からAチームに引き上げられ、DFのレギュラーをつかみました。同様にパッとしなかった選手が、下からグッと這い上がっていったケースは多かったですし、先生は、可能性を持った選手を見つけて伸ばすことが本当に上手だったと思います。

とはいえ、逆に向上心のない選手たちに対しても見捨てるようなことはせず、妥協のない厳しさを平等に与えていました。それは、本当に選手1人1人をしっかり見ていなければ、できないこと。その上で対応を使い分けていたことは、今考えると本当にすごいことだなと思いますね。

もう一つ、先生のすごさを感じたのが、指導者として常に学びながら、その時代に合わせて選手たちへのアプローチを変化させていたところです。私が3年生のとき、先生はS級ライセンスを取得する講習などを受けるため、グラウンドに来られないときも多かったのですが、週末の練習や試合に顔を出すと、これまでと言っていたことが変化していきました。例えば、「水は飲むな」から「もっと水を飲みなさい」に変わりましたし、「必要な休息は取りなさい」と言うようになりました。そもそも、S級ライセンスを取りにいったのも、私たちへの指導のクオリティーをより高めるためですし、講習に行くたびにいろいろなものを吸収し、私たちに言葉で伝えてくれました。学んで、これはよいと思ったことは、すぐに取り入れていった印象でした。

私は3年生の春先まで大学進学希望でした。しかし、5月の広島遠征の際に、保護者が集まって行なわれた進路相談で、私の親が「大学に進学させたいと思います」と伝えると、先生に「あんたの息子が大学に行けるわけがない」と怒られたそうです。

成績的に厳しかったこともありますが、それ以上に、私はプロ向きだと先生は判断していたのでしょう。後日、先生から「プロで戦ってこい。ガンバ大阪、サンフレッチェ広島、アビスパ福岡の3チームの練習に参加することが決まっているから」と伝えられました。ただ、サンフレッチェのときだけ先生が練習参加日を忘れていて、「あ！ そうだ、今日が練習参加だ！」と言われて、慌てて向かったことは今でも覚えています（笑）。

最終的に私はガンバ大阪に行くことを決めました。もちろん、プロは自分の力でつかみ取ったものだと思っていますが、そこに導いてくれたのは、間違いなく先生でした。

プロの世界で感じた小嶺先生の教えの意味と価値

振り返ると、3年生のときは中川と激しいポジション争いを繰り広げた1年間でした。九州大会は私が出ていましたが、インターハイ予選まではずっと中川がスタメン出場。しかし、その予選決勝で鎮西学院高に敗れてからは、私がレギュラーに返り咲きました。全日本ユース選手権でベスト4に入り、選手権ではベスト8で静岡学園高にＰＫ戦の末に負けてしまいましたが、本当に自分の中で大きな経験を積むことができました。

しかし、卒業後のプロ1年目は、今でも後悔をしているのですが、小嶺先生から離れたことで完全に気が緩んでしまったのです。高校時代とは一変してかなり自由が利き、自分の判断で何でもできる環境になったことで、「国見での地獄の3年間が終わったらからいいや」と、気の抜けた中途半端なサッカーをしてしまいました。

正直なところ、高校時代は『努力をさせられる環境』と思っていました。でも、それは自分が望んだことで、選手権優勝という目標を達成するために全力でサッカーに打ち込んだからこそ得られたものでした。それを少し勘違いしてしまい、プロ1年目は、サッカーに対して中途半端に向き合ってしまったわけです。

「このままじゃダメだ、試合に出ないといけない」と気づいたときに、国見での日々と、先生が口にしていた「情熱がなければダメだ」などの言葉を思い出しました。そして、「あきらめても大丈夫だ」と思った瞬間、自分の向上心は止まってしまうということに気づきました。

「妥協をしない」とは、「努力をする」というような抽象的ではなく、もっとはっきりしている言葉です。そして、今も昔も、夢を叶《かな》える人たちに共通するのは、絶対に「妥協しない」強い信念を持っていることだと思います。それを具体的に教えたり、伝えたりすることは本当に難しい。でも、先生はそれを実践していました。

小嶺先生は選手たちに、夢や目標を持たせて、かつそれに対する責任をしっかりと教えてくれました。仮にその夢や目標が叶わなくても、その過程で取り組んできたことは、違う道に進んでも必ず生きる。それを私たちは、ときに理不尽な思いをしながら、怒られながら、先生に教わってきたのです。

死ぬほど努力をした……いや、させられたのかもしれないけれど、妥協のない努力の意義を教わったことで、選手権に優勝したメンバーは成功例を学んだし、逆に私たちのように全国に出られなかった、優勝できなかった経験をしたメンバーは、味わった悔しさがその後の反骨心につながっている。どんな結果であれ、国見での3年間の日々で実感したことは、今もこうして人生の役に立っています。

プロ1年目で気が緩んだときも、国見での日々を思い返して踏みとどまれたことで、結果的にプロで14年間もプレーすることができました。ガンバ大阪、人生の多くを過ごすことになった浦和レッズ、そして、最後は湘南ベルマーレと、すべてJ1でプレーすることができ、日本代表にも選ばれました。ただ、1年目の最初から、国見のときと同じような心持ちでプレーできていたら――と思うときは、今でもあります。

プロのキャリアの中であらためて先生から学んだことは、高いモチベーションでプレーを続けることができれば間違いなく強くなるし、困難にぶつかったときに自分自身を見つめ直し、考えて行動することが当たり前のようにできるようになる、ということ。私は先生から自然と、成長する術《すべ》というものを教えてもらっていました。

多くのことを言わない
ずっと小嶺先生に
嫌われていると思っていた

こうして小嶺先生について語っていますが、私は決して、先生のすべてを美化するつもりはありません。叱られて強くなる子もいれば、ダメになる子もいる。褒められて強くなる子もいれば、ダメになる子もいる。先生も、成功だけでなく、失敗も多く重ねてきたはずです。

私自身、高校時代からずっと「小嶺先生には嫌われている」と思っていました。別に何か揉め事があったわけではないのですが、先生は、あまり多くのことを私には要求してきませんでした。だから、素直な言葉で表現すると、「むかつくな」と思うことも多々ありました。私も、卒業後に先生と深くお付き合いができたかというと、そうではないんです。それこそ三浦さんや大久保嘉人のように、何かあれば先生に連絡を入れたり、会いに行ったりするような関係性ではありませんでした。

私の妻は国見町出身なので、長崎に帰省することはあったのですが、「会いにいこうかどうしようか」といつも悩んで、結局行かないということが続きました。でも、先生が体調を崩したと聞いてからは、国見の2学年下の後輩で、長崎総合科学大附高のコーチをしている八戸《やえ》寿憲とは常に連絡を取り合い、先生の様子は聞いていました。

そういえば、1度、長崎総合科学大附にGKコーチとして呼ばれたことがあります。ちょうど私が2度目の選挙で当選をした2015年、先生から電話があり、「臨時コーチとして来てください」と言われて驚きました。ただ、実際に行ってみると、グラウンドでコーチをする以外は、もう放置です。一緒に食事に行くわけでもなく、私はグラウンドと寮を往復するだけ（笑）。最終日も、定方敏和監督と一緒に食事に出かけたくらいですから、「やっぱり自分のこと嫌いなのかな」と思いましたね（笑）。

もう一つ、「嫌われているのかな」と感じたエピソードがあります。何年か前にとあるメディアの企画で、『小嶺忠敏が選ぶ、国見高校歴代ベスト11』というものがあり、そこに私がＧＫで選ばれていたのですが、コメントには「都築は人間的にはダメだけど、選んだ」と書かれていて、「やっぱり俺はダメだったんだな」と（笑）。実際に、サッカーは一生懸命やっていましたが、学校は寝に行くようなもので、全然ダメでしたから（苦笑）。でも、ここで選んでもらえたことは、本当にうれしかったですね。

小嶺先生は、私の性格などを知った上で、あえて積極的に接してこなかっただけなのかもしれません。何だかんだ言っても、私を気にかけてくださっていたようにも感じます。

私が２０１１年に初めてさいたま市議会議員選挙に出馬をして落選をしたときも、電話をいただき、「こんなときもある。頑張れ」と励ましてくださいました。

落選したときはショックが大きくて、「これでやめよう」とも思ったのですが、同時に、「やめたらダメだ」とも考えました。負けたくない、あきらめたくない。「選挙に当選したい」という気持ちではなくて、「もう一度挑戦しないとダメだ」というメンタリティーになれたのです。これは間違いなく、先生に教えられたものだと思います。だから「頑張れ」と言われたとき、背中を強く押してもらえた気がしましたし、「この逆境を跳ね返そう」「やってきたことを続けよう」と思えたのです。

そうした気持ちを持って前向きに歩き続けていれば、自ずと周囲の人たちもついて来てくれます。だからこそ、私は周りの支えもあり、2度目の挑戦で当選をさせていただきました。先生から学んだことは具体的にどうこうというよりも、自然に身についてしまっているんですね。習慣化されて、モチベーションを生み出す源になっているのです。

先生の国見高監督就任30周年記念パーティーに出席したとき、私が行くはずだった奈良育英の監督をしていた上間雅彦さんとお会いし、「あの代で選手権優勝できなかったのはお前のせいや」と笑いながら言われました。私の代の奈良育英は中谷勇介や矢部次郎など、メンバーがかなりそろっていたので、「GKがお前やったら……」と。でも、逆にいえば、小嶺先生がそれだけ自分を欲しがってくれていたということを再確認できたことはうれしかったです。実はかなりかわいがってもらっていたのかな、と今となっては思います。

訃報を聞いてわき起こった自分の心の内。残っていた3年前の留守番電話

体調を崩されたという話を何度か聞いても、小嶺先生はグラウンドに立たれていたので、「大丈夫だろう」と思っていました。しかし、2021年の年末に八戸に連絡を入れると、「正直、厳しいかもしれません」と言われて驚きました。

『最期はグラウンドで死ぬ』ではないですが、信念を曲げることなく、最後まで先生らしい生きざまを私たちに見せてくれました。それは、中学3年生のときに突然家にやって来て、初めてお会いしたときからずっと変わりませんでした。だからこそ、亡くなってしまうのは少し早過ぎましたよね。大津高の平岡和徳総監督が、「小嶺先生のような偉大な先

人たちの、情熱や信念を伝えられる人がどんどんいなくなる。自分が伝えていかないといけない」とおっしゃっていたのですが、私もそう思います。先生のような情熱、信念、生きざまを継承していく役割は、同じやり方じゃなくても、自分も担えるのではないかと。

正直、先生と直接深くまで関わることができなかったことが、今も心のどこかで引っかかっています。関わりたいわけではないけれど、関わっておけばよかったな、と。

何か迷いがあったときに、先生に会いにいくことは、ものすごく良い手段だったと思うんです。実際に他のＯＢはそうしていましたから。でも、私は誰かに頼りたくないという気持ちが強過ぎて、頼ることはできませんでした。

先生が亡くなられた後、携帯電話を操作していると、２０１８年に届いた先生からの留守番電話が残っていることに気づいて、聞いてみました。

「あ〜小嶺です」といういつもの声が聞こえて来て、「今日、選手権の組み合わせ抽選会があって、うちは１月３日から浦和の会場になりました。したがって、12月30日が開会式だから、泊まるところがありません。どこかの旅館でもいいし、施設でもいいので、チームが泊まれる場所を探してもらえないでしょうか？」と。
　それを聞いて懐かしい気持ちになったのと、すぐに埼玉県内の宿舎を探したことを思い出しました。そのときも、先生には教育者としての信念がありました。先生からのお願いですから、いいホテルを用意しようと、私は支援者のつてをたどって一人部屋のホテルを確保したんです。ところが先生は、「ダメだ。大広間でいい」と。選手たちが大会に向けてコミュニケーションが取れるように、何より連帯感を持って過ごせるように、大部屋を希望したのです。すぐに別の旅館を取り直すと、そこを大変気に入ってくださり、以降、埼玉で試合があるときはその旅館を使っていたそうです。先生は本当に、最後まで先生でした。

　小嶺先生は指導者であり、教育者です。わざと怒ってみたり、わざと褒めてみたり。たくさん失敗を積み重ねてきたことで、人を見る目を磨いてきたのでしょう。でも、高校時代の私は、それに気づくことができなかった。「テレビカメラが回っていると機嫌がいいな」くらいでしか見ていなかったですから（笑）。

先生のことをすべて肯定することはできませんが、否定するところに関しては小さいです。それ以上に大きな気づきと学びを与えてくださり、私の軸となる部分を形成してくれた、偉大な存在だということに変わりはありません。

1996年全日本ユースで3位に。後列左端が都築

CHAPTER Ⅱ——小嶺イズムの証言者

木藤健太

元アビスパ福岡、モンテディオ山形、三菱重工長崎
現・国見高サッカー部監督

1999年　選手権2回戦

「国見高校サッカー部は小嶺先生が土台を作られたチーム。
先生が植えつけた国見のサッカーに対するひたむきさ、
勝利に対する執着心を、失うことなく引き継いでいきたい」

きふじ・けんた●1981年10月5日生まれ、長崎県島原市出身。現役時代のポジションは DF、MF。国見高から近畿大を経て2004年に福岡に加入。06年に山形に移籍し、4シーズンをプレーしたのち、10年から九州リーグ所属の三菱重工長崎サッカー部へ。現役引退後、13年度より長崎県の公立学校教員（体育科教諭）となり、17年に母校・国見高に赴任。18年からサッカー部監督を務めており、22年度の選手権に 12年ぶりに出場を果たし、北海高、尚志高から勝利を挙げた

地元のヒーロー、憧れの存在国見でサッカーをすることが当然の夢であり、目標だった

私は島原で生まれ育った人間ですので、サッカーをするならば国見高に憧れるのが当たり前という環境でした。初めて小嶺先生の存在を知ったのは、小学2年生。選手権をテレビで見たときのことです。その瞬間から、国見に進学し、先生の下でサッカーをすることが夢となりました。ただ、6年生のときにサンフレッチェ広島のジュニアユースができたことを耳にすると、そちらに進んで3年間プレーをしてから国見に行こうと本気で考えるようになり、担任の先生や親にも話をしました。すると、当時私が所属していたクラブチーム・白山SSSの監督のところに先生から電話がかかってきたのです。「中学生から国見に練習参加をしてもいいので、地元の中学校に行きなさい」と。はじめは「なぜそれを知っているの?」と驚きましたが、ずっと憧れていた先生が気にかけてくれていたことがうれしくて、地元の島原第二中に進むことに決めました。

中学2年生の夏に先生に初めて直接声をかけてもらい、中学生で1人だけ国見の遠征にも参加。当時の国見の3年生には船越優蔵さんがいるなど、錚々たるメンバーに交じっての遠征で、試合にも出場させてもらいました。中学3年生のときにも遠征に参加し、そのころには、国見に進むことが当然のこととなっていました。

高校に入学して1年生のときは、先生がものすごく優しかったことを覚えています。よく職員室に呼ばれて、チームの話だけでなく、社会の話や偉人の話もしてもらい、時にはダジャレで笑わせてくれることもありました。小森田友明とともに、試合にも1年生から出させてもらっていました。

優しさから一転、厳しく……
指導方針に素直に応じられず
小嶺先生との間に生まれた溝

潮目が変わったのは、1年生の終わりごろです。U－17九州トレセンに選ばれて、小野伸二さんや稲本潤一さん、高原直泰さんらがいたナショナルトレセンと試合をしたのですが、そのころから私は「自分はトップレベルの選手たちと試合ができた」という勘違いというか、少し天狗になってしまった部分があり、緩慢なプレーをするようになっていました。それに気づいた小嶺先生は、自分に対して厳しく接するようになったのです。

当時の私はそれが理解できず、「あんなに優しくて話しやすかった先生が豹変した」と受け取っていました。練習で走らされたり、試合から外されたり……。途中投入から途中交代という『インアウト』も何度も経験しました。最もショックだったのは、スタメン出場したのに、スローインを1度投げただけで、開始5分で代えられたことでした。

もう何がなんだか訳の分からないまま、2年生の春過ぎにはBチームに落とされ、ついにインターハイ予選もインターハイ本戦もメンバー外に。さすがに、腐りかけました。

そうなった原因は完全に自分の行動にあったにもかかわらず、私は先生に対して「全然分かってないよ」と不満をさらに溜め込むようになっていました。

また、「こんなサッカーをしていても成長しないよ」とまで思っていました。当時の国見は相手最終ラインの背後にボールを蹴り込み、2トップを走らせて前線からプレッシングをかけていくスタイル。しかし、U－17九州トレセンやナショナルトレセンに行くと、その真逆で、ボールを大事にして運んでいくサッカーが主流。そのギャップをすごく感じた私は、ボールをもっと大事にしてつなぐサッカーをしたいと強く思うようになっていたのです。

そうした思いがあったからか、先生の指導方針に素直に応じられず、練習中の横柄な態度になって表れてしまいました。先生も当然、それを見抜いているわけですから、より私に厳しく接するようになります。私はさらに反発をして、先生との間に溝ができてしまい、話を聞かないという時期もありました。

Bチームで自問自答の日々 客観視して見えてきた 自分の甘さや未熟さ

しかし、Aチームがインターハイや夏の遠征で学校を空けている間、Bチームで練習や試合をこなしているうちに、私の考え方も徐々に変わっていきました。

当時Bチームを指揮していたのは小嶺先生の教え子である大久保明彦先生で、メンバーにも大久保嘉人ら、2年後に高校3冠を達成する1年生たちがおり、実力はかなりのものがありました。そこで大久保先生と話をし、嘉人たち下級生とプレーをしていくうちに、客観的に物事を見られるようになっていきました。つまり、「つなぐサッカーが絶対」と考え過ぎてしまっている自分に気づいたのです。

実は、当時のBチームは大久保先生の下で比較的つなぐサッカーをしていました。しかし、「じゃあ自分はBチームのサッカーが楽しいから、やりたいことをできるから、このまま卒業までずっとBチームでいいのか？」と自らに問いかけると、もちろんそうではありません。あくまで国見は小嶺先生が監督であり、先生が掲げるサッカーがある。監督の求めることをきちんと徹底できた上で、自分を表現できるようにならなければ、上には行けませんし、試合には使ってもらえません。何度も何度も自問自答をしましたが、「やっぱりAチームで試合に出たい。Aチームで求められることをきちんとできる選手になりたい」という答えが、生まれてきました。

では、先生が求めることとは何か。あらためて考えながらAチームの練習に参加したり、試合を観戦するうちに、先生は守備面ではかなり細かく指導するのですが、攻撃面では守備をきちんとこなしながらアイデアをしっかりと出してプレーをすれば、ある程度の自由が許されていることに気づきました。つまり、「あれをするな、これをするな」ではなく、チームのためにきちんと守備をしたり、走ったりしていないことが問題なのだ、と。

要するに、先生からずっと指摘されていたのは、「つなぐサッカーはダメだ」ということではなく、「横柄になって、自分の主張ばかりをするのはダメだ」ということなのです。真意が分かったときに、今までの自分の未熟さと甘さを痛感しました。

これらを理解した上でプレーをすると、いろいろなことが見えてきました。例えば、サイドバックがボールを持ったら素早く相手ＤＦの背後へ、というのが先生の基本的な考え方でしたが、サイドバックがＦＷにクサビを当てて、そこから展開をした場合でも「いいぞ！　ＯＫ！」と言うのです。しかし、逆に弱気になり、バックパスをしてＣＢやボランチに展開してもらおうとしたり、そのバックパスによって相手のプレスにハマったりした場合は激しく注意が飛びました。自分のやり方にはめ込む厳しさではなく、サッカー選手として、人として、大事なことを指摘してくれているのだと感じました。

実際に私が守備のタスクを一生懸命こなし、攻撃もシンプルにいくところとつなぐところと、メリハリつけてプレーするようになってからは、Aチームの試合に起用してくれるようになりました。小嶺先生はよく「自分の武器を磨け」とおっしゃいましたが、私には「お前は前に出ていく力があって、左足のクロスや、長距離でも正確に蹴ることができるのが武器なんだ」と言われました。だからこそ、まずはそのキックを生かして相手の背後を狙い、そこから相手コートでサッカーをすることができれば、より自分が持っているつなぐ能力も、相手に脅威を与えられる状況や位置で発揮できる、と分かってきたのです。

反発していたころの私は、全体が見えていない状態で、近くにいる味方へつなぐことに躍起になってしまっていたと思います。もし、天狗になったまま、「つなぐサッカー」を勘違いしてとらえてプレーをし続けていたならば……、その後の自分はなかったかもしれません。

ただし、先生はそうしたことを、直接的に言葉にして教えてくれることはありませんでした。答えを言ってしまったほうが楽だけれど、それでは本当に理解したことにはならない。先生は遠回しに、気づかせるためにヒントを与えて、自分で考えるように仕向けていたのでしょう。実際に自分が指導者になってみると、それは非常に忍耐が必要で、難しいことだと感じます。それを、辛抱強く続けてこられたのは、先生のすごいところだと思いますね。

同じ教員、指導者となり徐々に見えてきた小嶺先生の情熱や繊細さ

正直に言えば、3年生になっても、やはり私は小嶺先生が苦手で、自分から接することはできず、むしろ「どうせ俺は嫌われている」と先生のことを避けていました。そして、先生が私に対してどう思っているのか分からないまま国見を卒業しました。

近畿大に進み、アビスパ福岡に加入してからも、先生からはたまに連絡があったり、お会いしたりすることはありましたが、やはり高校時代に抱いていた気持ちが晴れることはありませんでした。

しかし、現役を引退して2013年に長崎県の教員となってからは、先生に対する思いが少しずつ変わっていきました。同じ教員という立場になり、生徒指導の難しさを感じるようになったことで、少しずつ先生が当時発していた言葉の意味を、より理解できるようになってきたからでしょう。

先生の飽くなき情熱を知ったことも大きいです。前任の波佐見高にいた際に、長崎総合科学大附高（総附）が出場する選手権予選決勝のテレビ解説をすることになったのですが、突然先生から電話がかかってきて、「お前、解説やるんだろう？　対戦相手の特徴を教えてくれ」と言うのです。私よりも詳しい人は周りにもいるでしょうし、対戦相手の映像も、実際に生で試合もチェックしているでしょう。それでも、さらに何か情報はないかと私に聞いてくるのです。「先生は勝つためにここまでしているのか」と、そのときに初めて知りました。

2017年に国見に赴任し、翌年からサッカー部の監督となり、「どうやってチームを強くしていくか」と考えるようになると、先生の、これまで見えてこなかった部分に、さらに目が向くようになりました。どのように国見に選手を呼び、指導し、強くしていったのか――。いろいろな人に先生について聞くようになると、教え子として知らなかった部分が見えてきます。

例えば、勝利や教育に対する哲学、絶対に譲れないという信念はありながらも、柔軟性があり、ものすごく繊細でもあるというところです。

繊細さは、選手たちがサッカーに専念できる環境を整備してくれたところに表れています。県立高校でありながら、グラウンドのすぐ近くに寮があり、照明が完備されているのは、先生が関係各所に交渉をしたからこそのものです。一介の教員がそうした交渉をするのは非常に困難ですが、それでも先生は「強くなるためにはこれが必要なんです」と行政や学校に掛け合い、きちんと根回しをして実現してみせました。その過程の話を聞けば聞くほど、私たちが見えないところで走り回り、知恵を振り絞ってくれたことが分かってきます。

何もないところから選手を集め、学校や部活だけでなく生活面の面倒も見る。「自分にそれができるのか？」と考えても、非常に難しいと言わざるを得ません。家庭もある中で、朝練習に毎日顔を出すのがどれだけ大変なことか。私も教員、サッカー部監督、そして夫の立場になったときに、その苦労を知りました。先生はそれ以上の苦労を重ねながらも、選手たちのためにすさまじい情熱を注いでくれたのです。

少しずつ関係を取り戻すも――
最後のエールを胸に
遺志を継いで前に進む

もちろん、尊敬の念を抱くようになりながらも、同時にライバル高校の監督同士になったわけですから、「絶対に総附を倒す」ことを目標の1つに掲げてきました。

小嶺先生は以前から相手のストロングポイントを消す、やりたいことをやらせないサッカーに長けていました。実際に対戦をしてみると、やはり自分たちの良さを消してくるので、思うようにプレーさせてもらえず、本当に嫌な相手でした。

「先生と同じことをしていたら一生勝てない。じゃあどうするべきか」と、さらに考えるようになり、今に通じているのが、『新しい国見を作る』ということです。つなぐサッカーを基本としながらも、時にはシンプルに狙うことを組み入れていく。先生を参考にする部分はあれど、自分の考えをしっかりと落とし込んでいく。それが、今の国見のプレースタイルにつながっています。ただし、やっているサッカーは異なるものの、気がつくと、高校時代に先生に言われたことを、そのまま私も選手たちに言っていることが多いです。あんなに苦手だったのですが（笑）。

２０２１年１月の九州新人大会で国見が優勝をした際に、初めて先生からショートメールをいただきました。内容は「優勝おめでとう、益々のご活躍を祈念いたします」という短いものでしたが、高校１年生のとき以来、指導者になって初めて、先生に褒めてもらえました。それ以降、遠征先などでお会いしても、「今どんな指導をしているんだ」「どうやってこれを伝えているんだ」などと、先生は私にかなり質問してくるようになりました。しかも、国見の試合を見に来る頻度も格段に増えました。

その年のプリンスリーグ九州の開幕戦は鹿児島の吹上浜のグラウンドで大雨の中で行われましたが、ゴール裏に目を凝らすと先生が傘をさして座っていて、本当に驚きました。偵察もあったと思いますが、悪天候の中で真剣に見ている姿はすごいと思いましたし、それ以上にうれしかったですね。

また、総附の選手たちを連れて、国見の試合に来たこともありました。試合中にチラッと見ると、先生は試合を見ながらボードを使い、選手たちに何やら説明をしている様子でした。試合後に「先生、何しよるんですか？」と聞くと、「いやいや、勉強しているんだよ」とおっしゃっていました。ちょっとずつ、高校1年生のときのように冗談を言える関係性に戻っていく感じがしました。しかし、その後はなかなかお会いする機会はなく、年明けに先生の訃報を知らされました。

私には悔いがあります。それは高校時代、小嶺先生から逃げることなく、もっと自分から話を聞きにいくべきだったということです。一生後悔するでしょう。さまざまな感情を抱くこともありましたが、私が先生の教え子であることに変わりはありませんし、私の指導者としての根本に先生の存在があることは間違いありません。最後となった選手権大会の直前、先生は囲み取材のときに私の名前を出して、「あいつは絶対に総附に勝てない」とおっしゃったそうです。それは、嫌味などではありません。「結局、お前は俺を倒せないままだったな」という、私への最後の叱咤激励、エールだと受け止めています。

国見高校サッカー部は今、私が監督を務めていますが、小嶺先生が土台を作られたチームです。先生が植えつけてきた国見のサッカーに対するひたむきさ、勝利に対する執着心にはまだまだ足りませんが、しっかりと失うことなく引き継いでいきたい。大好きな青と黄色の縦縞のユニフォームとともに、先生からいただいた言葉や情熱を、これからも大切にしていきたいと思います。

2022年、母校を12年ぶりの選手権出場に導いた国見高の木藤監督

CHAPTER Ⅱ
小嶺イズムの証言者

大久保嘉人

元セレッソ大阪、マジョルカ(スペイン)、ヴィッセル神戸、川崎フロンターレほか

2000年　インターハイ優勝／2000年　国体優勝／2000年　選手権優勝

「先生の教えは子育てにも影響を受けていて、先生が接してくれたように、子どもたちにも接しています。怒るときは怒るし、サッカーに関しては何も言わない」

おおくぼ・よしと● 1982年6月9日生まれ、福岡県京都郡苅田町出身。現役時代のポジションはFW。国見高では3年時にインターハイ、国体、選手権を制し、高校3冠を達成。2001年にC大阪へ加入。以降、日本を代表するストライカーへと成長を遂げ、マジョルカ(スペイン)、ヴォルフスブルク(ドイツ)を含む国内外8クラブでプレー。J1通算191得点は現在も最多記録。得点王には3度(13~15年)輝いている。日本代表としては04年のアテネ五輪、10年の南アフリカW杯、14年のブラジルW杯に出場。国際Aマッチ60試合出場6得点

中学時代に福岡から長崎へ
小嶺アカデミーの一期生。
第一印象は「いいおっちゃん」

三浦淳寛（当時は淳宏）さんと永井篤志さんの代のチームで、国見高が圧倒的な強さで優勝した1992年度の選手権が今でも忘れられません。決勝の山城高戦の三浦さんは特にすさまじくて、小学4年生だった私はとても興奮したことを覚えています。国見の存在を知ったのはこのとき。当時から「将来はプロサッカー選手になりたい」と本気で考えていましたし、親も「国見に行って、小嶺先生の下でサッカーをすればプロになれるかもしれない」と話していたので、俄然、〝国見〟に興味を持つようになりました。

小学6年生のときに、国見中が密着取材を受けている番組を目にしました。「国見って高校だけじゃなくて、中学校からこんなにサッカーが強いんだ」と知ることになるのですが、地元の2つ上の先輩・宮原雄介さんが国見中に進学をしていて、「お前も来いよ」と。

中学から親元を離れるべきか悩みましたが、「プロになれる可能性が1パーセントでもあるのなら、行ったほうがいい」と親にも強烈に勧められ、最終的には覚悟を決めて、「プロになるために国見に行く」と決断しました。

国見中進学と同じタイミングで小嶺先生が、毎週月曜日に国見中をはじめとする地域の中学生たちを集めた『小嶺アカデミースクール』を立ち上げており、私はその一期生になりました。

ちなみに、国見中と国見高は同じ地域の学校というだけで、中高一貫教育というわけではありません。ただ、国見高は公立高校ですから、県外から来る選手は一度、国見中に転校してから進学をする形が多かったのです。ほとんどの場合、中学3年生の途中に国見にやってくるパターンでしたが、私のように1年生から国見中に進む選手も数人いました。

先生が国見中の指導に来ることはなく、サッカー部の監督は別におり、その監督の指導を受けながら、月曜日の小嶺アカデミーに参加したときにだけお会いするという形。ですから、初めの印象は「いいおっちゃん」（笑）。国見中もアカデミーも、選手の質がとても高く、毎日の練習では悔しい思いをすることが多かったのですが、サッカー自体はすごく楽しく、伸び伸びとプレーしていました。

進学と同時に印象は一変
見透かされていると感じる
小嶺先生の鋭い視線

高校に進学してから小嶺先生への印象が一変しました。とても優しい人から、ものすごく怖い人に変わったのです。サッカーから離れれば、それまでどおりつまらないギャグで（笑）みんなを笑わせたり、『小嶺説法』といって社会のことを教える話をたくさんしてくれたりする「いいおっちゃん」でしたが、サッカーに関しては厳しく、怖いという印象でした。

なぜ「怖い」と感じたか。それは、サッカーを見ているときの先生の目です。鋭い目つきで、常に私たちを見ている。ただ眺めているのではなく、選手個々の表情や雰囲気、動きをしっかりと追います。そして、少しでもこちらに気の緩む瞬間があると、すぐに厳しい言葉をかけてくる。監視されているというものではなく、私たちの心の中を見透かしているという表現が正しいかもしれません。

高校入学直後、すぐに「この人は他の人とは全然違う」と察知したので、そこから先生を観察し始めました。私は基本的にビビリな性格なんです（笑）。ピッチ上では強気にどんどん行けるのですが、ピッチ外では余計なことで怒られたくないし、言われたくもないので、まずは周りの大人の行動を観察します。

「俺、人間観察が好きなんだな」ということは大人になってから気づきましたが、当時は、そんな呑気ではありません。常に「プロになるためにはどうすればいいか」と考えていましたから、しっかりと行動をして怒られないほうがサッカーに集中できると、本能的に感じていたのかもしれません。

そのように1年生のときは、小嶺先生の行動パターンをよく観察していました。ちょうどその年に校長に就任し、校務が忙しくなってグラウンドに出てこられない日もありましたが、そうでないときには先生の動きや、他の選手に対する指示、怒っているときの言葉などを聞いていました。

じっくりと観察していると、「やっぱり見ているところが違うな」と感じました。先生が指摘しているのは『今』ではなく、『その先』を見据えてのことが多かったのです。「これじゃあ社会に出て苦労するぞ」「社会に出たら通用しないぞ」と。

実はサッカーについてはあまり言わないですし、些細なミスにはそれほど怒らないのですが、『人間力を高める』という先生の教えのとおり、人間性の部分や、これから社会に出て必要な部分に関しては、一貫して口うるさく話をしていました。他の選手たちが叱責されている場に立ち会うと、「そりゃ怒られるよな」と思うことも多かったですし、逆に「今のはなぜ怒らないんだろう」ということもありましたが、それは、社会人になってから必要な部分とは関係のないことだからなんだなと、のちに気づくこともありました。

そして、叱るにしても、その選手の性格や態度から、「こいつにはこう言ったほうがいい」「あいつにはこう接したほうがいい」と理解をした上で、レギュラー選手もレギュラー以外の選手も分け隔てなく、全員に対して平等な目線で接していたと思います。

そういう先生の素晴らしいところが分かったからこそ、私は「この人についていけば、絶対に間違いはない。プロになれる」と確信したのです。

フィジカル負けをしない自分のプレースタイルを確立した1つの転機

1つの転機となったのが、1年生の初めのころに行なわれた練習試合です。小嶺先生に呼ばれて「お前を使うぞ」と突然告げられ、戸惑いながらもAチームのメンバーとして出場。当時はまだクリクリ頭の、身長160センチにも満たない小さな体でしたから、ボールを受けようにも相手に体を当てられて簡単に吹き飛ばされ、コロコロと転んでいました。すると試合後、「嘉人、そこでそんなに倒れていたら、一生使えないぞ。考えて相手にぶつかれ」と言われたのです。

その日以来、約1年間、Aチームの試合で起用されることはありませんでしたが、この先生の言葉は、私の心の奥底に響きました。もし私が先生をただ「怖い存在」だけに思っていたならば、そこまで響かなかったでしょう。でも、先生を観察していて「この人の言葉はとても重いし、成長のヒントになる」と分かっていましたから、この言葉も私の成長に欠かせない大きなきっかけになると感じられたのです。

Aチームの試合に出るための基準がはっきりしたわけですから、あとは練習あるのみです。相手への体の当て方や、そもそも当てられないようにするにはどうすればいいかを意識し、オフ・ザ・ボールの動きや、ボールを持ってからの仕掛け方、パワーの出し方を常に考えてプレーするようになりました。自主練習でもこの部分に徹底的にこだわり、日々の『たぬき山の走り』などで持久力と筋力がついてきたこともあって、多少のフィジカルコンタクトでは倒れないようになっていきました。

2年生に上がる直前の3月の新人戦でのことです。チームにちょっとしたアクシデントがあり、私がAチームの試合に出ることになりました。予期せぬチャンスだったのですが、ここで当たり負けをせずにゴールを奪うことができ、この活躍をきっかけとして、Aチームのレギュラーに定着することができました。もし、あの最初の練習試合で小嶺先生から言葉をかけられていなければ、このチャンスをものにすることができなかったでしょう。

その後、自分のプレースタイルの原点となる言葉でしたから、それがなければプロにもなれていなかったかもしれません。

先生は本当に、選手たちに考えさせるプロだと思います。怖かったし、厳しかったし、私に関しては約1年間に及ぶ下積みが必要でしたが、きちんと課題に取り組めば、将来の自分に必ずプラスになって返ってくることが分かりました。


この1年間で私は、フィジカルの強さと前への推進力を身につけましたが、それ以外にも意識的に取り組んでいたことがありました。それは学校生活での行動です。学校の先生や来客の方などに対し、私はいつでも誰にでも、きちんとあいさつをするようにしていました。また、授業中もどんなに疲れていても、寝ることはありませんでした。

あいさつをおろそかにしていれば、それは必ず他の先生たちを通じて小嶺先生の耳に届きます。授業の態度も、寝ていたりすればそれこそすぐに先生の耳に入ったでしょう。そんなことでチャンスを失ったり、練習に影響が出たりするのは、自分にとって損でしかありませんからね。

先生に提出をしてやりとりするサッカーノートも、私は毎日しっかりと、先生が読みやすいように丁寧に書いて提出をしていました。全体ミーティングで、「嘉人はサッカーノートを本当にきれいに書いてくれているぞ」と褒めてくれたときは、うれしかったですね。

もちろん、私は先生に気に入られようとしてこういう行動を取ったのではありません。先生はいくらこちらが小手先のことをやったところで、すべて見透かしていますから。ノート提出も「やらされている」のではなく、プロになるために自分の課題と向き合い、克服しながら成長をしていきたいと思ったから、しっかり書くようにしていたのです。

先生は、いくらサッカーが上手なスーパーな選手でも、そうした人間として大切な部分を疎かにしていれば試合では使いません。そのような人間は、この先社会に出て通用するわけがないし、プロサッカー選手になれるはずがない。それを気づかせようという考えがあったからでしょう。

私は、将来プロサッカー選手になるために国見に来たという明確な意志がありましたから、「先生に見られているから」ではなく、「プロになるために、サッカーも学校のこともきちんとやらなければいけない」という認識でした。まあ、私のビビリな性格も多少は影響していると思いますが（笑）。

一発レッドで退場をするも「お前は弁当2個食え」小嶺先生にまつわるエピソード

小嶺先生とのエピソードはいろいろありますが、今でも思い出すのは、2年生のときの前橋フェスティバルでの出来事です。ある試合の前半で相手に激しいタックルを見舞い、一発レッドカードで退場になってしまいました。私が勝手に熱くなり、相手に対して荒いプレーをしてしまったのです。

レッドカードを出された瞬間、「やばい」と思いました。ピッチから下がるときに先生からは何も言われず、逆にそれが「絶対に怒っている、まずい」と、恐怖しかありません。試合後、バスに乗り込んで、「これは絶対に怒られるし、次の試合からしばらくは出番がこないだろうな」と考えていると、先生が勢いよくバスに乗ってきました。

怒られる！　と覚悟したのですが、先生は「おい、嘉人、お前は弁当を2個食え」と言います。予想だにしていなかった言葉で逆に驚き、頭の中が真っ白になったのですが、すぐに「はい！」と答えると、「お前は体が小さいんだから、もっと食べて大きくしろ」と。実際に弁当を2つもらって食べました。

一発退場の件には一言も触れず、次の試合もスタメンで出場することができました。こうした出来事もあって、周りの選手たちからの、「先生は嘉人には何も言わない」「嘉人には甘い」という声につながったのかもしれません。でも、私の性格やそのときの状況を見て、先生なりの考えがあっての対応だったのでしょう。頭に血が上っていた私を見て、あえて私にいろいろ考えさせるように仕向けてくれたのかなと思います。

寮生活にも思い出があります。学校には2台の電話ボックスがあり、私たち寮生はそこで家族などに連絡をしていました。当時は携帯電話がない時代。もちろん、いつでも電話ができるわけではなく、時間は1人10分間、1日で1台5人までと決められていました。部員数も多いですし、1年生のときは上級生が優先になります。つまり、家族と電話で話ができることは、貴重な、貴重な機会でした。

先生はいつも舎監室に泊まっていたのですが、夜はになると電話ボックスのところに現れて寮生から受話器を奪い、電話口に出るのです。そして、親と楽しそうに話をしているうちに10分間が終わってしまう。そうして貴重な親との時間を、何度奪われたことか（笑）。電話をするときは、いつも舎監室から先生が出てこないよう祈っていました。めちゃくちゃいい迷惑ですね。ひょっとすると、先生は私たちの親と話をすることで安心してもらおうとしていたのかもしれません。

遠征時のバス移動は、つらかったです。先生はいつも一人で運転をしていましたが、寝ている選手を探しているのか、バックミラーでずっと見られているように感じるのです。たまに、バックミラー越しに目が合うこともあって、眠れないし、音楽を聴くために持参していたウォークマンも使えませんでした。

先生はどんなに遠い距離でも、寝ずに一人で運転をして、試合会場でも常に私たちのために熱心に指導をしていました。「いったい、いつ寝ているんだろう」と思うくらい、ずっと私たちのために動き続けてくれていました。どれだけ朝が早くても先生は絶対に遅刻してきませんでしたし、普段の朝練習でも絶対に一番にグラウンドに立っていました。その情熱には、高校生ながら本当に頭が下がる思いでした。

重要な進路選択。会見直前での変更も尊重し、頭を下げてくれた懐の深さ

小嶺先生には感謝をしてもし切れないことがたくさんあるのですが、私の人生において最大のターニングポイントとなる出来事が、3年生のときにありました。

インターハイで10得点を挙げて得点王になり優勝を手にし、国体でも優勝をして2冠を達成。ありがたいことに、数多くのJ1クラブからオファーをいただきました。

最終的には地元・福岡のアビスパ福岡か、2年生のときから熱心に誘ってくれたセレッソ大阪の2クラブに絞り、当初は「九州からは出たくない。福岡に戻ってプロをスタートさせよう」とアビスパ福岡を選んでその旨を先生に伝え、先生から福岡のスカウトの方やクラブの首脳陣に話を通してもらいました。

そうして迎えた進路発表を行う記者会見の当日の事です。

実は、会見の日が近づくにつれて、「本当にこれでいいのか？」と自問するようになり、「九州を離れてチャレンジしたほうが、自分のためになるんじゃないか」と考えが変わり始めていました。当時のセレッソ大阪には、憧れていた森島寛晃さん（現・セレッソ大阪社長）がおり、「森島さんと一緒にプレーすることで、多くのものが学べるんじゃないか」と思うと、どんどん気持ちが大阪に傾いていきました。

とはいえ、今更そんなことは言い出せません。「まずいな、どうしよう」と思っているうちに、会見の前日になってしまいました。このときにはもう、私の中ではセレッソ大阪に行きたいと結論が出ていました。しかし、こんな土壇場で覆してしまったら、先生にはものすごく怒られるでしょうし、アビスパ福岡の方やいろんな方に迷惑をかけてしまう。それは分かっているけれど、ここで、この思いを抑えて福岡に行っていいのかと、本当に悩みました。

親には素直に胸の内を言おうと、怒られることを覚悟で電話をしました。「やっぱり、俺はセレッソに行きたい」と言うと、「それは今後の人生を考えても、絶対に小嶺先生に伝えたほうがいい」と。少しだけ心は軽くなりましたが、それでも先生に伝えるべきか、布団の中で「どうしよう、どうしよう」と悩んでいるうちに、会見当日の朝が来てしまいました。

私は一睡もできないまま、迎えに来てくれた小嶺先生の車の後部座席に乗り込みました。そして、会見場に向かう途中、「これは一生ものの決断だ。ここで自分の思いを言わないと後悔する」と、ようやく先生に気持ちを打ち明けることを決めました。運転席と助手席の間から顔を出して、「先生」と言うと、「ん、なんだ嘉人」。「先生、俺、やっぱりセレッソに行きたいです」。

めちゃくちゃ怒られることは覚悟の上でした。ところが先生は、表情一つ変えずに、「おお、そうか。お前がそう思うんだったら、絶対にそのほうがいいから、そうしなさい」と言いました。

本当に驚きました。発表当日に、別のチームに行きたいだなんて、わがままでは済まされないことです。「何言ってんだお前？　今更そんなことができるわけがないだろう」と怒られても仕方がありません。でも、先生はすぐに「そうしなさい」と認めてくれたのです。

そうして会見に臨んだ私は、小嶺先生の後押しもあり、「セレッソ大阪に決めました」と発表することができました。

アビスパ福岡さんには本当に迷惑をかけてしまいましたし、今でも申し訳ない気持ちでいっぱいですが、先生は私の意思を尊重して、関係各所に頭を下げ、世間の批判が私に来ないようにかばってくれました。そして、「自分が行きたいと思ったところに行かないといけないんだ。今後の人生のほうが長いんだから、それでいいんだぞ」と言ってくれました。先生は本当に、選手たちのことを第一に考えてくれている人だとあらためて思いました。

だからこそ選手権は絶対に優勝して高校3冠を達成し、先生を胴上げしたいと強く思って臨み、結果、私は得点王となってチームも優勝することができました。その瞬間はとてもうれしかったのですが、その後がまた先生らしい。まったく喜ばないのです。それどころか、優勝インタビューを受けて、私たちの歓喜の輪の中に遅れて入ってくると、いきなり真顔で、「おい、お前らここで終わりじゃないんだぞ。『勝って兜の緒を締めよ』だ」と。

私たちはキョトンとしてしまいましたが、先生のその言葉でお祭り騒ぎだった空気が一変し、ピリッと引き締まりました。表彰式後は片付けをテキパキとして、すぐにバスに乗り込んでホテルへ。本当に最後まで、先生は私たちの将来を考えて、厳しさを持って対応してくれたと思います。

亡くなる直前まで電話のやり取り 今も心の中で生き続ける 人生の師

高校の3年間で、私は何よりも『人間力』を高めてもらいました。そして、小嶺先生に教わったそのものが、今の自分自身になっていると感じます。プロに進んでからも先生の教えは常に心の中にありましたし、周りを観察して行動をし、自らの成長につなげることができましたし、あいさつや礼儀などは当然のようにわきまえて周囲と接することができました。

実際にプロの世界で感じたのは、良い選手ほど人間性が伴っているということです。そのような選手は長く活躍できますし、日本代表に選ばれたりもします。逆に礼儀のなっていない選手や周囲への配慮ができない選手は、サッカーの能力があっても数年しかもたず、語弊を恐れずに言えば、消えていくということが多かったように思います。

私も、そうしたオフ・ザ・ピッチの立ち振る舞いにはすぐに目が行きましたが、何かあっても指摘することはありませんでした。私が先生でその選手が生徒ならば別ですが、もうプロフェッショナルである以上、学生時代と違い、言われて気づくのではなく自分で気づかなければいけません。そのような選手を見るたびに、あらためて先生のすごさを感じました。国見での3年間で、先生が私たちに伝えたかったのは、こういうことなんだなと。

プロになってからも、先生とは事あるごとに連絡をとっていました。何かあればすぐに先生に電話をしましたし、先生からも何かと電話をくださいました。

私がスペインのマジョルカでプレーをしていた当時、オフでスペインから長崎に遊びに帰った際に、先生が長崎空港まで迎えに来てくれたことがありました。でも、そのとき、私は少しお酒を飲み過ぎていたのです。先生も私が酔っ払っているのにすぐに気づいたようで、「嘉人、後ろで寝ていてもいいぞ」と。お言葉に甘えて後部座席で寝かせてもらったのですが、高校時代はあんなに厳しかったけれど、本当に優しい人だなと思いました。あまりにも優し過ぎて、逆にビックリしましたが（笑）。

私は2021年11月中旬に現役引退を決めましたが、小嶺先生にはすぐに電話をして「現役を引退します」と伝えました。先生は「そうか、お疲れさま」と労ってくれて、いろいろな話をすることができました。そのとき、先生は選手権出場を決めて祝勝会をしていたのですが、声は元気そうでした。

もちろん、先生が体調を崩されていることは把握しており、亡くなる1年前にはもう、移動中は横になっていないとしんどいほどの状態になっていることも知っていました。先生に何かあれば、必ず関係者や国見のOBたちから、「嘉人、話を聞いてやれ」「会いに行ってやれ」と言われました。それでも、いつ電話をしてもいつもの元気そうな先生の声でしたし、バーっと話をして電話を切るという感じ。12月中旬に電話をしたときも、普段と変わりはありませんでした。
　しかし、年が明けてすぐのことです。長崎の百花台公園で国見ＯＢが私の引退試合を企画してくれたのですが、先生は来られる状態ではなく、かなり心配をしました。翌日、ＯＢから電話があり、「嘉人、もう厳しいかもしれない。先生のところに行ってやれ」と聞かされ、すぐに親族の方にも連絡を取って会いに行こうとしたのですが……新型コロナウイルス感染症対策の影響で面会はかないませんでした。訃報を聞かされたのは、その数時間後。もう、言葉になりませんでした。ショックという言葉ではとうてい表現できない喪失感。それは今も変わりません。

　亡くなられたあと、小嶺先生はＪＦＡから日本サッカー殿堂入りの表彰を受けました。私もその式典に出席したのですが、その際、携帯電話に『小嶺忠敏』の送信主のメールが届いたんです。「え！　先生!?」とビックリしてメールを開くと、先生のご親族が、先生の携帯電話を使ってメッセージを送ってくれていたのです。本当にうれしかったですね。

先生は今でも、私の心の中に生き続けています。

先生にはもう、感謝しかありませんし、これからも、先生の遺志を受け継いでいきたい。先生の教えは子育てにも影響を受けていて、先生が私に接してくれたように、子どもたちにも接しています。怒るときは怒るし、サッカーに関しては何も言わない。サッカーは自分自身で考えることが大事であり、何が必要か、何をしなければいけないか、自分で考えなさい、という教えを引き継いでいるんです。

先生とはそれだけ濃い時間を共にしましたから、私のすべてと言えるでしょう。もしこの本を先生が読んでいると想像すると、ちょっと怖いですが（笑）。本当に言葉では表せないくらい、心から感謝しています。

2000年度の選手権を制し、この年、高校３冠を達成した

CHAPTER Ⅱ 小嶺イズムの証言者

徳永悠平

元FC東京、V・ファーレン長崎

2000年 選手権優勝／2001年 選手権優勝／2001年 全日本ユース初優勝

「先生から教わった、人に対する礼儀や、信念を持って妥協せずに取り組む大切さは体の芯まで叩き込まれていて、大きなベースとなりました」

とくなが・ゆうへい● 1983年9月 25日生まれ、長崎県南高来郡国見町（現・雲仙市）出身。現役時代のポジションは DF。国見高では１学年先輩に大久保嘉人がいた。２年時に高校３冠を経験。翌３年時は選手権を連覇するとともに、全日本ユースでも初優勝を飾った。早稲田大に進み、在学中にFC東京の特別指定選手としてJリーグデビュー。04年はアテネ五輪に出場。2006年にFC東京に加入。その後、日本代表にも選出され、12年にはオーバーエイジでロンドン五輪にも出場した。18年に長崎に移籍し、20年限りで現役を引退

国見か、東福岡か悩んだ結果、地元で成長する道を選ぶ

生まれも育ちも国見町で、国見高は自宅から自転車で10分の場所にあったものですから、幼いころから国見のサッカーを当然のように見てきました。この地域では、サッカーをするならば国見を目指すというのは自然の流れ。ただ、当初、私自身は全国に行けるような能力は持ち合わせていないと自分で考えていたんです。ある時に周りから「小嶺アカデミーのテストを受けてみたら?」と勧められたのをきっかけに、合格を果たすと、徐々に「全国大会に出たい」「プロに行きたい」と思うようになっていきました。

当時の国見は選手権に出場をしても2回戦敗退など、全国で結果を残せていない時期。そういった事情もあり、「東福岡高に行きたいな」という気持ちがありました。それこそ当時の東福岡には本山雅志さんなどがいて、全国的にもトップ・オブ・トップのチーム。1997年度の帝京高との雪の中での選手権決勝を見て、赤いユニフォームに憧れを抱い

ていたのもあります。中学3年生のときには国見の練習に参加をさせてもらうようになり、そのまま進学する流れはできていましたが、国見か東福岡か悩みに悩んだ末に、周りの方たちからの「地元の国見に進んで、国見で活躍する姿を見たい」という声が決定打になりました。国見町の人たちにとって、国見高は誇りです。県外出身の選手たちのことも、もちろん応援していましたが、「やっぱり地元の選手がいるとうれしい」と言ってくださいましたし、小嶺先生も「地元の選手が活躍しないとチームは強くならない」と熱心に誘ってくれて、気持ちは国見に傾いていきました。選手権（1998年度）の際にはBチームの遠征にも同行して練習試合にも出させてもらい、先生からはいろいろな話をうかがい、最終的に国見に進むことを決断しました。

先生との会話は少なくとも意図をくみ取りやるべきことはやる

とはいえ、実際に入ってみると、とてもきつい毎日でした。1年生のときはAチームに絡むことができず、走ってばかりの印象。筋力トレーニングもハードで、「ちょっとやり過ぎでしょ」と思うほどでした。小嶺先生の情熱はすさまじく、真っ向から向き合ってくれている印象は受けました。朝練習には必ず顔を出してくれますし、ときにはフェイクを使い、いないように見せかけて、茂みに隠れて見ているときもありましたね（笑）。バスでの遠征は、本当に遠くまでずっと一人で運転をしてくれて、「いつ寝ているんだろう？」と思うこともありました。平日はもちろん、土日もずっと私たちに付き添ってくれるので、休みも当然ないでしょうし、すべての時間を私たちに捧げてくれている印象でした。ですから、何を言われようとも、根底には先生への感謝の気持ちがずっとありました。

私は2年生からレギュラーをつかみましたが、個人的には先生とあまり話をする機会はありませんでした。「もしかして嫌われているのかな」と思ったこともあったのですが、よく考えると、私の性格を理解した上で接してくれていたのだなと思います。私は斜に構えるタイプで、人に積極的に懐く性格ではなかったのです。俗にいう『かわいがられないタイプ』（笑）。対照的に、1学年先輩の大久保嘉人さんはこれでもかというくらいかわいがられていましたね。何かにつけて嘉人さんは先生のそばにいました。一方で私はというと、当時から気持ちが態度に出るほうでした。「何でこんなことをやらないといけないんだ？」と思うと、少し不満そうなそぶりを見せていたかもしれません。でも、先生は怒ることもありませんでした。その理由は恐らく、私は自分の考えをしっかりと持っていたからだと思います。

まず何を意図しているのかを考え、それに対して自分の考えはこうだというものを私は持っていました。少し不満そうな態度を見せたとしても、やるべきことはきちんとやっていましたし、指摘されたことは改善しようと取り組みました。そうした姿勢を見て、先生は「これならば社会に出ても大丈夫」と思ってくれていたのだと思います。ある意味、かなり私を尊重してくれていたのかなと。もちろん、これは憶測になってしまいますが。

最前線から最後尾へ
最強3冠世代との1年で
手にした劇的な成長

私が2年生のとき、3年生には嘉人さんをはじめ、多くのタレントがそろっていました。

全員負けず嫌いで、チーム内でライバル関係があり、練習でも容赦なく削り合うのですが、絆がかなり強く、後輩に対してもとても優しかった。小嶺先生も、そうした3年生の個性を把握し、やり合うときは何も言わず、少し気が緩んだときにタイミングを見てズバッと言う、という形をとっていたように思います。練習が終わると一転、嘉人さんたちは本当に和気あいあいと仲良くしていました。そこに先生も積極的に参加し、冗談を言ったり、社会の話などをしたりしていた印象があります。あのときのチームは本当に、オンとオフのスイッチがプロ集団のようで、いい関係性だなと感じていました。だからこそ、私も一緒にプレーしていて楽しかったし、やりやすかったですね。

実は、私は1年生までは中盤やFWでプレーしていたのですが、2年生になって先生にスイーパーにコンバートされたのです。攻撃が好きだったのに、いきなり最後尾を任されることになったときは、「何でだよ」と思ったのですが、何かしら意図があると考えましたし、3年生の皆さんと試合に出られることは光栄でしたので、受け入れながらプレーをしていきました。守備を覚えていくうちに、ディフェンスの楽しさやフィードの楽しさを知っていきましたし、時折、先生が私をFWで使ってくれて、そのときはうれしくて仕方がありませんでした。中でもインターハイが強く印象に残っていて、前半はスイーパーでプレーし、後半からＦＷということも多くありました。

ＦＷに入るということは、嘉人さんと２トップを組むことになります。ずば抜けたフィジカルと得点センス、周りを生かすセンスを持っていた嘉人さんとの２トップは、本当に楽しくて、ほしいと思ったところにボールが出てくるし、パスを出したいと思ったところにポジションをとってくれます。自分の能力を引き出してもらえる感じがしましたし、私のほうも「嘉人さんの能力をもっと生かしたい」と考えてプレーをしていました。

そうした経験は、スイーパーとしてもプラスの影響を与えてくれました。嘉人さんは絶妙なタイミングで動き出してくれるので、私も絶対に見逃さないように前を見ることと、ロングキックやミドルキックの飛距離と正確性にこだわるようになりました。先生がすごいのは、「遠くを見ろ、両足苦なく蹴られるようになれ」と、私に考えるヒントを常に与えてくれたことです。先生の指導と、私がスイーパーとＦＷでプレーをして感じたことの両方とを、常に意識して練習に取り組めました。結果、インターハイ、国体、選手権を制して高校3冠と濃密な1年を過ごす中で、いかに味方の動きを見逃さず、正確に狙ったところに蹴られるか、という部分はかなり磨かれましたし、両足を苦なく扱えるようにもなりました。

これは私がのちにプロの世界に進んだ際に、大きな武器になりましたし、たぬき山などを走り続けて鍛えた走力もまた、生命線となりました。長くサイドバックとしてプレーし続けられる礎を、国見で築いてもらえたのだと思います。あまり会話はしなかったのですが、気づけば先生の手のひらで転がされていたのかもしれません（笑）。

最後尾の背番号10
守備の選手として
生きる覚悟を決めた

3年生になると、嘉人さんが背負っていた背番号10を引き継ぐことができました。うれしいことに、先生からは「今年はＦＷをやることになるから」と言われ、10番をいただいたのです。現に新人戦ではＦＷとして出場し、点も決めていました。

「今年はストライカーとして爆発するぞ！」と、プレッシャーよりも楽しみのほうが大きかったのですが、いざインターハイ予選が始まると、「後ろがいないから頼む」とスイーパーに戻されてしまいました。さすがにこれは受け入れがたく、「FWでやらせてください、お願いします」と懇願したのですが、ダメでした。

それでも、スイーパーを嫌々続けたわけではありません。これも先生に意図があると思いましたし、1年間やってきて楽しさも分かっていましたから、これから先もずっと守備の選手としてプレーしていく覚悟を決めました。こうして、背番号10のディフェンダーが誕生したのです（笑）。

3年生のときは、全日本ユースで優勝をすることができました。2年生のときは3年生に助けられましたが、3年生のときは下級生に助けられました。1学年下には柴崎晃誠や渡邉大剛らがいて、2学年下にも平山相太がおり、彼らが私たち3年生を支えてくれました。のちにJリーガーとなる彼らは、高い身体能力と質の高い動き出しを見せてくれましたから、嘉人さんたちがいたころと何ら変わりなくプレーできましたし、彼らの動きを見逃すまいと、より視野が広がり、両足のキックの精度にも磨きがかかりました。

今思えば、最前線の平山がターゲットになり、2列目にも前への推進力がある選手がそろっていましたから、私がFWをやるよりも、より効果的な攻撃ができたのでしょう。加えて、私が彼らを最後尾からコントロールすることで、彼らの能力をより生かすことができますし、私も守備の選手としてさらに成長できて、合理的というか、相乗効果を生み出せたのだと思います。そう考えると、先生の手腕、恐るべし。選手の個性を伸ばしてチーム力をさらに高める指導力と先見の明が、すごかったのだとあらためて思います。

最後の選手権ではチームが出来上がっていましたから、「ここまでやってきたのだから、楽しもう」というマインドで臨むことができました。高校最後のお祭りだという心づもりでプレーできたことが、2連覇という結果につながったと思います。

本当にどの試合も楽しかったのですが、印象に残っているのが初戦の2回戦・松商学園高戦で、先制されたあとに、セットプレーから私がゴールに押し込んで同点にした場面です。さらに、私がもう1点取ることができて逆転。最終的には4－1で勝ったのですが、DFとしても選手権でゴールを決められたことが、うれしかったことを覚えています。勝ち続けて連覇を達成できた喜びもありましたが、あの同点ゴールの瞬間は今でも忘れることなく、鮮明に覚えていますね。大学を経てプロの世界に飛び込み、いろいろな経験をさせてもらいましたが、苦しいと思うときほど、あのゴールの瞬間を思い出します。そうすることで背中を押されるというか、勇気をもらえるというか、「もう一度頑張ろう」「あのときのような瞬間をもう一度味わいたい」と心が奮い立つのです。まさに、私にとって、人生を変えたと言っても過言ではない、決定的な瞬間でした。

2連覇達成がうれしかったことは間違いありませんが、これで3年間が終わり、次のステージに挑戦していこうという気持ちのほうが強かったです。小嶺先生も、胴上げをしたときは少しうれしそうでしたが、大喜びはせず、試合後のロッカールームでは「勝って兜の緒を締めよ」と、すでに次の年のことを考えていました。前年の選手権優勝の際も同様でしたので、毎度のことなのですが、実に淡々と終わりましたね（笑）。

高校3年間は有終の美で締めくくることができましたし、先生の指導によって自分の武器というものを伸ばしてもらった、とても大切な時間だったと思います。

社会人となった今も
心に生き続ける
先生の生き様と教訓

早稲田大のときも、FC東京やV・ファーレン長崎でプレーをしていたときも、練習を「きつい」と感じたことがなく、何をしてもやっていける自信がありました。国見での経験を糧に、試合でもメンタリティーを強く持って臨めたからこそ、特別指定選手期間を含めて15年間もFC東京でプレーすることができ、長崎を含めて18年もの長い間、プロサッカー選手としての時間を過ごすことができたと思っています。

プロになって以降、小嶺先生と連絡を取る機会は数えるほどしかありませんでした。プロに進むときや移籍をするときも、「おう、そうか頑張れよ」くらいの短い会話のみ。長崎に移籍してからは、たまに練習会場や試合会場で顔を合わせることがあったのですが、それでも少しだけ、という感じでした。

先生とのコミュニケーションはほかの選手と比べてかなり少なかったと思いますが、それでも先生から教わった、人に対する礼儀や、信念を持って妥協せずに取り組む大切さは体の芯まで叩き込まれていて、それが大きなベースとなりました。

先生の教えが本当に役に立つ、大切なことだと再認識をしたのは、プロ生活を辞めてからです。私は２０２０年シーズンをもって長崎で現役を引退し、実家の建設関係の会社に入社。社会人としての人生をスタートさせるかたわら、農業を通じた地方創生にも取り組むようになりました。

やはり社会に出てからも、理不尽なことは非常に多いです。一方的に怒鳴られたり、無理な要求をされたりするときもありますし、「自分は悪くはない」と思っていても頭を下げなければならない機会も出てきます。

ただ、そうしたときに高校時代に経験した「これには何の意味があるのか」という疑問を持つことと、そこで相手の意図を読み取り、やるべきことをやり切るという経験が生かされるのです。そして、マイナスなことがあったとしても、決して人に対する礼節は忘れてはいけないし、自分の信念を曲げてもいけません。

大事なのは、自分が将来のことをどう考え、行動しているか。常に今と先を見据えて、考えながら行動することが大切だとあらためて感じています。

現在は建設関係と農業の二足のわらじを履いていますが、もしかするとこの先、「またサッカー界に戻りたい」と思うかもしれないですし、他のビジネスをやっていきたいと思うかもしれません。どうなるかは分かりませんが、常に選択肢を持ってやり続け、決断をしたらきちんとやり抜く。先生が作ってくれた大きな土台とともに生きているのが、今の私です。

もちろん小嶺先生の教えのすべてがいいわけではなく、今でも「これはちょっと違うかな」と感じるところはあります。いい部分と反面教師にする部分も含めて、先生の教え子の1人としてさらなる成長を求めて、これから生きていきたいと思います。先生、本当にありがとうございました。

2001年度の選手権で大会を連覇し胴上げされる小嶺監督

CHAPTER Ⅱ 小嶺イズムの証言者

平山相太

元ヘラクレス（オランダ）、FC東京、ベガルタ仙台
現・筑波大蹴球部コーチ

2003年 インターハイ優勝／2003年 選手権優勝（2年連続得点王）

「『人を育てる』という先生の信念は、ものすごい。
決して妥協しないし、曲げない。
それが先生の強さであり、人を惹きつける魅力でもあると思います」

ひらやま・そうた●1985年6月6日生まれ、福岡県北九州市小倉南区出身。現役時代のポジションは FW。国見高では1年時から主力として活躍。インターハイを制した3年時の選手権では9得点を挙げ、1年時に続く優勝に貢献した。選手権通算17得点は今も破られていない最多記録。高校生ながらアテネ五輪アジア最終予選の日本代表メンバーにも選出。卒業後は筑波大に進学。アテネ五輪に出場。05年8月、オランダのヘラクレスへ加入。05年にFC東京に移籍。17年に仙台へ移籍し、同年限りで引退。現在は筑波大蹴球部コーチ

進学校が第一志望も
サッカーに突き動かした
国見高の雰囲気

福岡県出身の私は、中学生（田原中）のとき、進路で悩んでいました。福岡にはＪクラブも高体連もいいチームがたくさんあり、東福岡高、東海大五高（現・東海大福岡高）、アビスパ福岡Ｕ－18の練習に参加。県外では、国見高だけ練習に参加しました。小嶺先生から誘いを受けたときはうれしかったですが、即決はできませんでした。サッカーの強豪校やＪユースに進むのではなく、県内の進学校である小倉高に一般受験をして、ここでサッカーをしながら大学進学を目指す――という青写真を描いていたのです。しかし、もっと真剣にサッカーをやりたいという気持ちがあったのも事実。そのため、もし強豪と呼ばれるチームに行くならば、サッカー以外の面でも成長できる環境が第一の条件でした。

小嶺先生からは「うちでは人間性が大事」と言われており、非常に惹かれる部分はありました。実際にいろいろなチームの練習に参加をしてみて、国見のサッカー部の選手が一番しっかりしているなとも感じていました。あいさつや仕草、行動がキビキビしていましたし、たとえ先生がその場にいなくても、雰囲気が緩むことがなくきちんと続くんです。常に礼儀正しく、キビキビと動く先輩たちの姿を見て、「ここにしよう」と決めました。

練習が厳しいことは承知していました。私が小学校時代に所属していた、ながながサッカークラブの先輩で、自宅が近所だった宮崎健二さんがその当時に国見に在籍しており、「日本一練習がきついから、覚悟をしておかないと続けられないよ」とアドバイスをいただいていたからです。しかし、むしろそれは大歓迎。厳しい環境が自分には合っていると思いました。そしてサッカー一色の高校3年間にはなりますが、それでも「勉強もしっかりして、国見から大学に行きます」と言いました。すべては自分次第だと考えたのです。

入学3日で「まずいな」からの変化
小嶺先生が一貫して伝え続けていた人間性の大切さ

覚悟と意志を持って、中学3年生の3学期に国見中に転校し、長崎での生活がスタートしました。中学生のころは、小嶺先生の厳しさは感じなかったのですが、高校に進学して3日で「これはまずいな」と思いました（笑）。その3日間、ボールを使わない素走りのトレーニングが続いたのですが、それがかなり厳しかったのです。さすがに「これが3年間続くのか」と思うと、愕然としました。

先生には、すぐに試合で起用してもらえるようになりましたが、1年生のときが一番つらかったですね。春先の時期に1年生でAチームに抜擢される選手は少なくて、たまに私1人だけのときもありました。上下関係は当たり前に厳しいので、もう大変。遠征などの際にボールやビブス、コーンなどの荷物をバスに積み込む作業は1年生の仕事ですから、それを1人で行なわないといけません。遠征用の荷物をまとめて、バスに運んで積み上げるために何往復もしなければならず、逆に試合会場や宿舎、練習会場に着いてから荷下ろしをして運ぶのも私1人だけ。さすがにその様子に先生も途中で気づいて、「2、3年生は何をやっているんだ！」と先輩たちを叱りつけました。それ以来、国見では遠征の際、バスに乗るときも降りるときも、荷物を1人1個必ず持つという新たな伝統が生まれました（笑）。

そんな苦労もありましたが、1年生で全日本ユースの頂点に立ち、選手権でも優勝を経験することができました。ただ、優勝をしたときの小嶺先生はいつも以上に厳しくて、私たちが喜んでいても一切笑顔を見せず、必ずと言っていいほど、「勝って兜の緒をしめよ」「実るほど頭を垂れる稲穂かな」という言葉を使って私たちを戒めました。選手権は3年生にとって最後の大会ですし、そこで優勝をすれば大喜びをして当然だと思います。試合後のロッカールームでは、私も3年生と一緒になってはしゃいでいましたし、コーチの人たちも喜んでいました。ところが、先生は部屋に入ってくるなり、「勝って兜の緒を締めよ！」といきなり叱って、ロッカールームが静まり返りました。

先生は続けて、「まだ人生のスタート地点にも立っていないのに、選手権で優勝したくらいで人生最高の瞬間を迎えたかのようにするな。すべてを手に入れたわけではない。これからが大事なんだ」と。さすがにそれを聞いた瞬間は、「じゃあ、いつ喜ぶんだろう？」と思いましたが、よく考えれば、先生は当時から勝利至上主義ではなかったからこそ、言える言葉だったのではないでしょうか。

もちろん試合をするからには「必ず勝つ」、大会に出るからには「必ず優勝する」という強い気持ちを先生も持っていましたし、負けたら機嫌が悪くなり、ものすごい量を走らされたりもしました。それでも、人間形成において大事なところは一貫して言い続けていました。要するに、「勝つことがすべて」ではなく、勝つことと人間性を磨くこととを、同じウエイトで大事にしている監督だったのです。

先生は本当に言葉が上手。内容とテンポ、話し方、タイミングが絶妙なので、不思議にスッと心の中に入ってきます。抑揚の付け方がうまくて、さらに構成も絶妙なので、はじめは意味が分からない言葉でも、最終的には納得できます。「勝って兜の緒を締めよ!」も、はじめは戸惑いながらも、「優勝したことで浮かれるなよ」という戒めの言葉として、自然と理解することができました。ただ単に命令口調で厳しいことを言い放ったり、押し付けたりするのではなく、その裏にはきちんとした論理がある。たまに論理がないときもありましたが(笑)、そうした言葉の使い分けは抜群にうまかったと思います。

小嶺先生がよく口にしていたのは、「サッカーは人間性が大事」ということです。すべての厳しさの裏には、このキーワードがありました。あいさつはもちろん、礼儀礼節もそうですし、勝利に対するメンタリティー、妥協を許さない姿勢、目標と信念を持って物事に取り組む大切さなど、このキーワードの上に数多くの教えがあったのだと感じます。

当時、先生はサッカー部の監督であると同時に、校長先生でもありましたから、部活動の間だけでなく、学校生活を通しても、その教えを受けることができました。そうした面を1年生のときから感じることができたからこそ、はじめは「これはまずいな」というところから、次第に「やっぱりここに来たことは間違いではなかった」「先生から多くのことを学ぶことができる」と、どんどん意欲が湧いてくるようになり、前に進むことができました。

2年生になると、全日本ユースでは2年連続優勝をすることができたのですが、選手権では決勝で市立船橋高に0－1で敗れて準優勝に終わりました。負けたあとは「怒られるんだろうな」と思っていましたが、そうではなく、先生は落ち着いていて、コーチと翌年のことを話し合っていました。今思うと、先生は結果に一喜一憂せずに、常に先を見て、次に向けてどうするのかを考えている人だったと思います。

3年生のときはインターハイで優勝をしたのですが、これまでの3年間でしっかりと学習をしていたので、勝った後も、そこそこの喜びで終わりました。ただ、3連覇のかかった全日本ユースで、サンフレッチェ広島ユースに決勝トーナメントで敗れたあとの帰り道は地獄でした。大会会場の関東から長崎にバスで戻る際、さまざまな地域で『途中下車』をしながら練習試合をしていくのです。3連覇できなかったショックもあってか、みんな思うようなパフォーマンスが出せず、行く先々で負けてしまいました。そして、負けるたびに、きつい『走り』が待っていました。試合をして、負けては走って、を繰り返しながらようやく長崎に到着。そしてすぐに学校のグラウンドで練習です。本当に妥協を許さない姿勢、執念に近いものを先生からは感じました。今の時代ならば考えられないことかもしれませんが、そうした経験も、私たちが強くなった要素だと思います。

「おお、そうか頑張れよ」先生はいつも私の決断を尊重してくれた

国見を卒業後、私はプロではなく、筑波大へ進学します。もともと勉強自体が好きでし

たし、中学生のときも大学に進学したいと思っていましたから、教員免許も取得ができて、多くを学べる国立の筑波大を選択しました。サッカーにおいても大学サッカー界で歴史のある学校で、成長できると思っていました。

最後の選手権では優勝を果たし、2年連続の得点王になることもできました。そうした高校3年間の実積を見て、周囲の方々からは「なぜプロに行かないのか？」と言われたりもしました。しかし、当時の自分に対する周囲の評価と、自己評価に大きなズレがあったように思います。あくまで周りが騒ぎ過ぎなだけであって、私自身は高卒から直接プロに進むのでは厳しいと感じていました。ありがたいことに、当時、J1の複数クラブからもお誘いをいただいたのですが、大学進学に迷いはありませんでした。小嶺先生も私の気持ちを尊重してくれました。むしろ「大学でしっかりと体を鍛えてこい」と言って、長崎から送り出してくれました。

しかし、大学2年生のときに、2度目のワールドユース（現・U－20ワールドカップ）に出場をした際に、世界を相手に十分に戦える手応えが感じられ、また、チームメイトはプロの選手たちばかり。そのような環境でプレーしたことで、「自分もプロになりたい」

という思いがふつふつと湧いてきました。加えてワールドユースの開催地であったオランダのクラブからの誘いもあったため、大学を休学し、ヨーロッパに渡ることを決断しました。自分で望んで進んだ大学を休学するわけですから、先生に報告する際も怒られて当たり前だと覚悟を決めていましたが、「おお、そうか、頑張れよ」と決断を尊重してくれました。本当に感謝しかありません。

オランダのヘラクレスでプレーし、帰国した2006年9月にFC東京への加入を決めた際も、小嶺先生に報告すると、変わらず「おお、そうか頑張れよ」と励ましてくださいました。このように、国見卒業後は節目節目に先生への報告を欠かしませんでした。現役引退を決意して、すぐに伝えたときも「おお、そうか、これからどうするんだ？　何もなかったら言ってこいよ」。先生との電話はいつも短いですが、多くを語らなくても思いが十分に伝わるものでした。引退後、仙台大に入学して学び直しをすることを伝えたときも、先生は変わらず「おお、そうか頑張れよ」でした。

教育実習であらためて感じた妥協しない姿勢と勝たせてあげたいという思い

　仙台大4年生の2021年10月、教育実習生として国見に3週間通うことになりました。学校の雰囲気も、たぬき山も、私がいたころとはだいぶ変わっていましたが、先輩である木藤健太監督の下で、サッカー部員たちは礼儀も規律もしっかりとしている印象を受けました。部の指導にも関わらせてもらったのですが、選手たちは本当に覚悟を持って打ち込んでいましたし、部内のルールは変わっていても、みんな素直でサッカーが大好きだということは、私の高校時代と同じ。小嶺先生はライバル校である長崎総合科学大附高の監督をしていらっしゃいましたが、国見の試合に同行した際に、先生がスカウティングに来ていて、その姿を見たときはビックリしました。

　私たちの時代も、先生は県予選の1回戦からスカウティングをしていました。正直に言うと、中には「何もしなくても勝てるでしょ」と思えるチームもあるのですが、それでも先生は試合に足を運び、自分の目で確かめる。それを、20年近く経ってもずっと続けていたのです。このとき、すでに先生の体調は万全ではないことを聞いていました。それにもかかわらず、先生はスタッフ任せにすることをしないのです。あらためて、本質にあるのは、『人を育てる』ということだと考えさせられました。選手たちに勝たせてあげたい、人間として成長させてあげたいという思いが、それだけの熱量や行動に表れるのだなと。

先生の信念は、ものすごいです。決して妥協しないし、曲げない。それが先生の強さであり、人を惹きつける魅力でもあると思います。

サッカーを通した人間形成指導者人生の土台には先生の教えがある

私は2023年3月から、かつて在籍した筑波大蹴球部のコーチを務めさせてもらっています。仙台大を卒業後、もう一度母校で学びたいと思い、2022年から筑波大大学院に進みました。サッカーや、運動生理学などの専門知識を学びながら、将来的にはプロサッカーチームの指導者になりたいと思い、勉強を続けています。
国見を卒業してからは、高校時代に小嶺先生から聞かされた言葉を何度も思い出し、「こういうことだったのか」という気づきを得る日々を過ごしてきています。特に先生は、「人生はサッカーだけじゃないよ、だからこそ人間性が大事なんだ」と常々言っていました。高校生のころはそこまで深く理解できていなかったけれど、今では年を重ねるごとに、その言葉が「本当だな」と感じることが増えました。今も大切にしている言葉ですね。また、先生がよく口にしていた「人生80年」という言葉も印象に残っています。サッカーをする時間よりも、その後の人生のほうが長い。自分が死ぬときに何が残っているか、何を残せているかが大事です。

私にとって、小嶺先生は人生そのものを教えてくれた存在です。今の私の指導論も、先生の教えが土台としてあり、その上に積み上げていくイメージ。その土台とは、サッカーを通して人間形成をしていくということ。つまり、『指導者＝教育者』ということです。だからこそ、私は大学で学び直し、こうして大学院でももっと勉強しようとしています。

プロの指導者はサッカーの指導だけできればいいというものではなく、プロにおいても人間形成は不可欠なものです。どんな立場になろうとも、人と人との関わり合いの中での仕事、役割であることに変わりはありません。小嶺先生から教わったことをこれからの指導に生かし、新たな人生を過ごしていきたいと思っています。

2003年度の選手権で２大会ぶりの優勝に輝く

CHAPTER III

長崎総合科学大附時代

教え子たちによる回想

CHAPTER III 小嶺イズムの証言者

定方敏和

現・長崎総合科学大附高サッカー部監督

1989年 選手権ベスト4(国見高)／1990年 選手権優勝(国見高／副主将)

「小嶺先生は、まさに情熱の塊でした。生涯チャレンジを最後までやり切った先生だと思います」

さだかた・としかず● 1972年6月15日生まれ、長崎県島原市出身。国見高ではDFで、2年時に選手権ベスト4。3年時には副キャプテンとなり学校史上2度目の選手権優勝に貢献した。卒業後は法大に進み、有明SCでプレー。指導者に転身し、雲仙エスティオールを立ち上げ、指導。その後、2008年、小嶺監督に誘われて長崎総合科学大附高に赴任(地歴・公民科教諭)し、サッカー部顧問に。09年より監督。15年9月よりヘッドコーチとなり、22年3月、小嶺監督の遺志を継ぎ、再び監督に就任した

緊張の選手権初戦前に
笑いながら発した意外な一言
絶妙な言葉のさじ加減

小嶺先生が長崎総合科学大附高（総附）のサッカー部総監督に就任した2008年に、私も指導者（顧問）として総附に来ましたが、先生が選手集めなど、ゼロからチームを作っていく過程を目の当たりにしてきました。そこで感じたのは、まったく強豪校ではないチームを強くしていくためには、サッカーだけではなく、人間教育を基盤にしなければ選手は育っていかないということです。ただ良い選手を集めるだけではなく、来てくれた選手をどう育成するか。やらせるのではなく、一緒にやる。それが先生のスタイル。ずっとグラウンドに立ち続けて、私たちスタッフに任せっぱなしということはありませんでした。その姿をずっと見せ続けるからこそ、選手たちも刺激を受け、尊敬の念が湧く。それが土台にあることで、厳しい練習にもついてこられる。

例えば、私が高校生（国見）のときもそうでしたが、「たぬき山を走ってこい」と言ったあとに、先回りをして選手たちの様子を見ているのです。先生自身が手を抜かないからこそ、選手たちも手を抜けない。そうした状況を作り出すのに長けていて、その部分は最後まで変わりませんでした。

「選手は敏感だからこそ、指導者は隙を見せてはいけない」と小嶺先生はよくおっしゃっていました。本当にそのとおりで、隙を見せると選手の気が緩んだり、逆に不安にさせたりしてしまいます。とはいえ、締め過ぎても不安を増大させますし、チームの雰囲気が悪くなることがある。その塩梅をどうとるか。そこが非常にうまいのが先生でした。

印象に残っているのが、吉岡雅和たちの代で初めて選手権大会（２０１２年度）に出場をしたときのエピソードです。初戦で静岡県代表の常葉学園橘高と対戦したのですが、選手も私たちスタッフも緊張でガチガチでした。すると、試合開始前のロッカールームで、先生が笑いながら「お前ら、緊張しているな。まあ、よかたい。みんな肩をほぐせ」と言い、ひと息置いて「よし、今から校歌を歌うぞ！」と言うのです。選手もスタッフもキョトンとしたのですが、「いくぞ」という先生の掛け声とともに皆で校歌を大声で歌い上げました。そして、先生が「さあ、行こう！」と言った瞬間に緊張感が一気にほぐれて、選手たちは一瞬にして戦闘モードに入ったのです。たったそれだけで驚くほど一体感が増し、最高の状態で試合に臨むことができた。だからこそ、勝つことができました。あの先生の一連の所作と声かけのタイミングは、今も心に残っています。

先生は、生徒たちにもよく「言葉は武器にもなるし、凶器にもなる」と話されていました。常に生徒の様子を気にされていて元気がない選手には寄り添うような声や元気が出る声かけをしたり、気が緩んでいるときはビシッと引き締める言葉をかけたりと、そのさじ加減に長けていました。だからこそ強いチーム、筋の通ったチームを作ることができたと思います。そして先生はいつまでも自分を飾らない人でした。昔から、夏になると短パンに白いランニングシャツ、麦わら帽子の3点セット。さすがに総附に来てからはランニングシャツは着なくなりましたが、麦わら帽子はいつまでも変わりませんでした。

朝練習に来られるときも、寮からでも南島原のご自宅からでも、必ず早朝5時過ぎには寮や練習施設に到着し、車を止めて選手たちの到着を待っていました。そうした姿を見ているからこそ、選手たちも真剣に向き合ってくれますし、試合のときも頑張りを見せてくれます。もちろん、選手と先生との橋渡し役など私も大変な部分はありましたが、高校を卒業後もプロや大学、社会人で頑張っている選手が多いということは、先生の指導は正しかったのだなと感じます。

私は今、監督を務めていますが、先生がどういう思いで選手やスタッフと接してくれていたのかが実感できます。選手間だけではなく、スタッフの団結力も非常にありました。私たちは先生に対して、もっと楽にできるような、サッカーだけに専念できるような雰囲気を作れたのではないかという後悔もあります。今になって気づくことはたくさんありますね。

最後まで貫いた情熱
選手たちに寄り添い続けた
小嶺イズムの真髄

小嶺先生が体調を崩されている姿を見てきましたから、私も心苦しさはずっとありました。「無理しないでください」と言っても、最後まで選手たちと接したいという先生の意志はすさまじかった。そこまでできる人は、そうはいません。亡くなる直前の２０２１年12月18日、鵬翔高とのプリンスリーグ九州参入戦が大村市でありましたが、先生は試合に来られるような体調ではありませんでした。それでも前日には「絶対に行く」と寮に来て、寮監室で泊まることに。「一人にしておける状態じゃない」と、先生のご家族に付き添ってもらいました。試合当日も意識が朦朧としていて、学校でのウォーミングアップ中に「先生、今日はどんなメンバーで行きましょうか？」と聞いても、答えがおぼつかない。それでも開始時間が近づくと、「絶対に行く」と試合会場に来てベンチに座りました。執念という言葉以外は出てきませんでした。

しかし、選手権直前に倒れられてからは、もはやチームに合流できる状態ではありませんでした。予断を許さない状況でしたが、それは表には出せず、選手やＯＢにも、メディアの人たちにも「体調を崩されています」としか伝えられません。かなり厳しい状態でも、先生はご家族に「国立に行く。選手権に行く」と口にしていたと聞いていましたし、本当に心苦しい思いでした。選手権では先生が不在である分、選手たちが不安にならないように、自信を持って目の前の相手に向かっていけるように努めました。先生は病室でほぼ寝たきりの状態だったそうですが、試合のときだけパッと起きて、テレビで見てくれていたようでした。

先生はよく、「来てくれた選手、預かった選手を最後まできちんと見ないといけない。中途半端なことはできない」とおっしゃっていました。まさしく、その責任感と愛情が、先生を最期まで突き動かしていたのでしょう。


訃報は選手権に敗れて長崎に帰る途中、ちょうど広島のチームと練習試合をする朝のタイミングで聞きました。選手たちにもその場で伝えましたが、ショックを受けていたというよりも、「これからは自分たちがしっかりやらないといけない」という強い意志を感じる目をしていました。小嶺先生の葬儀には、卒業生たちが数多く参列してくれました。ある国見高の先輩が「これは先生が、年代の垣根を越えた同窓会を作ってくれたんだよな」と話しているのを聞き、あらためて「先生はこれだけ多くの人を育ててきたんだ。すごい方だな」と実感しました。

そんな数多くの教え子さんたちの中でも、おそらく15年もの間、指導者として先生の下で過ごしたのは私だけでしょう。それだけに、私には今まで先生が選手に教えてきたこと、大事にしてきたものを、今後もしっかりと伝えていかなければならない使命があると感じています。先生の代わりはできませんが、長く苦楽を共にさせてもらった中で学び、感じたことを、これからも選手たちに伝えていき、さらに今度は選手たちが自分たちの後輩や、大人になって周囲の人たちに伝えていく。そうしたサイクルを作っていくことが、先生の教えがいつまでも生き続けることにつながるのではないかと考えてます。

ユニフォームのデザインも変えることは考えていません。総附は赤と黄色の縦縞が正ユニフォームですが、実は小嶺先生のこだわりが詰まっています。総附に来たばかりの頃の縦縞の横幅は、国見の青と黄色の縦縞と同じくらいの幅だったのですが、インターハイと選手権に初出場をした吉岡の代のときに幅を少し細くして発注したところ、結果を残せたこともあり、これを基本としています。また先生は、母校・大阪商業大の白と黒の縦縞のデザインを島原商の正ユニフォームに取り入れ、国見でも総附でも、セカンドユニフォームに採用しました。やはり、あの白と黒の縦縞を見ると、私もすごく気が引き締まります。

だからこそ、これからも正ユニフォームもセカンドユニフォームもデザインを変えずにそのまま引き継いでいきたいですし、これは変えてはいけないものだと思っています。

実は、今でもたまに夢の中に先生が出てきて、よく怒られているんです（笑）。不思議なもので、ここぞというときに夢に現れる。なぜかは分かりませんが、いまでも見守ってくださっているなと感じるときがありますし、おそらくそれはこれからも変わらないでしょう。そして、私たちは、前に進んでいくしかありません。

総附の未来は、先生が築き上げてくださった土台を大事にし、その上に新たなものを積み上げていきたい。先生は選手権では6度も全国制覇をしています。同じようにはなかなかできないものですが、信念を引き継ぎ、まずは新国立競技場に先生を連れていくことが目標です。先生がずっとかぶっていた麦わら帽子をベンチに置きたいと思っています。

最後に先生が話してくださった中から、私が就任する直前に言われた言葉をお伝えしましょう。

「ここに1つの石がある。ライトを当てると、その石はパッと明るく輝いて見えるだろう。

だが、それは表面だけの話。照らされた部分は少し熱を帯びるかもしれないが、ライトが消えればすぐに冷めてしまう。でも、『熱』は違う。石の一点に熱を当て続けると、すぐには熱くはならないが、だんだん熱が伝わり始め、やがて芯まで届く。そして、一度芯まで届いた熱は簡単に冷めることはない。『人』も同じ、生徒にはライトを当てるのではなく、熱を与えるんだ。うわべだけの良い言葉だけではなく情熱を持って心から接するんだ」

小嶺先生は、まさに情熱の塊でした。生涯チャレンジを最後までやり切った先生だと思います。

長崎総合科学大附高ベンチで戦況を見つめる小嶺監督(中央)と定方氏(左)

CHAPTER Ⅲ 小嶺イズムの証言者

吉岡雅和

2012年　インターハイ初出場／2012年　選手権初出場

現・レノファ山口　MF

「私は小嶺先生から、とてつもなく大きなことを学びました。継続する力、信じてやり続ける力の大切さです。もし、あのときに転校していたら……」

よしおか・まさかず●1995年3月9日生まれ、長崎県南島原市出身。MF。長崎総合科学大附高では3年時にインターハイに出場。その後の選手権にも同校史上初出場を果たし、2勝を挙げてベスト16に進出した。卒業後は駒澤大に進学し、2017年に長崎に加入。18年途中に富山に期限付き移籍し、19年に長崎に復帰してリーグ戦で30試合出場4得点。ルヴァンカップでも8試合4得点と、天皇杯を合わせて公式戦9得点をマークした。21年に福岡移籍でJ1デビュー。22年より山口でプレーする

自ら丸刈りにするほどの国見ファンから総附へ進むことを決めた理由

小嶺先生の存在は、小さいころからとてつもなく大きなものでした。現在の南島原市の出身で、先生の家の隣町に住んでいたこともあり、先生は『近所の有名人』。小学校低学年のころから、先生が率いる国見高が選手権で躍動する様子を目の当たりにしてきましたから、ずっとあの青と黄色の縦縞のユニフォームに憧れを抱いていました。南島原市の小学生のサッカー少年たちを集めて、国見の選手たちがサッカー教室を開いてくれた際にも、すごく丁寧に優しく教えてもらえて、大ファンになりました。

「高校生になったら国見に行ってサッカーをする」と心に決めていたので、当時から丸刈り頭。強制されたわけではなく、国見への憧れが強過ぎて、率先して丸刈りにしていたのです。しかし、私が小学校6年生の年に先生が国見を退職、選挙に出るというので、ビックリしましたし、「もうサッカーから離れてしまうのかな」とさみしく思っていました。

その後、『長崎総合科学大学附属高（総附）のサッカー部総監督に就任』というニュースを見たときは、「……どこ？」というのが正直な印象でした。

中学時代は、小学校で所属した雲仙エスティオールのU－15チームでプレーをしていましたが、3年生になり、進路を考えだす時期になると、「小嶺先生のいない国見はどうなのだろう？」と疑問を抱くようになっていました。ありがたいことに、東福岡高や神村学園高からもお誘いをいただいていましたし、迷いもありました。

そんなある日、突然、担任の先生に呼ばれて、「明日、小嶺先生がお前の家に行くらしいぞ」と伝えられたのです。ずっと憧れていた先生が、僕の家にやって来る――。いきなりの展開でしたが、そう聞かされたときに、とてもうれしく感じる自分がいました。その日の夜は、次の日が待ち遠しくて仕方がなかったことを覚えています。そして、いざ先生が家に来ると、もうオーラがすごい。憧れていたとおりの偉大な方でした。最初は「ぜひ総附に来てほしい」という話だったのですが、それ以降は、ほぼ世間話。それでも、その世間話にものすごく惹きつけられるというか、聞いていて意味の分からないことがあっても、先生の語り口にどんどん引き込まれるのです。

先生が帰ったあと、しばらく放心状態でしたが、「僕は国見に行きたいのではなくて、小嶺先生の指導を受けたいんだ」とそこでハッキリしました。そしてすぐに、総附に進学することを決断したのです。担任の先生などにその思いを伝えると、「サッカーはまだ強くないし、県外の選手もたくさん来るから、行かないほうがいいのではないか?」と反対されました。当時の総附は学校的にも少し荒れていた時代だったので(苦笑)、止める気持ちも理解できました。でも、私の意志は変わることはありませんでした。

「転校したい――」限界を感じ、小嶺先生に打ち明けた思い「俺を信じて」の一言で決めた覚悟

いざ入学してみると、状況は深刻でした。当時の3年生は、まだ小嶺先生が勧誘していない代の先輩たちでしたから、反発する方が相当数おり、練習中に険悪な雰囲気になることもしばしばありました。先生が「ここはこうだろう」と説明しても、先輩たちは「絶対

に違うだろ！」と言い放つのです。私たちの代は先生が声をかけて入ってきた選手ばかりで、当然ながら反発するようなことは一切ありませんでしたから、このやりとりは衝撃的でした。当時は先生もほかの仕事が忙しい状況で、毎日部活に来られていたわけではありません。そうした点も影響してか、先生も厳しく言っても、なかなか先輩たちには響かない印象を受けました。6月くらいになると、そうした先輩たちが次々と部を辞めていきました。残った4人の3年生がものすごくしっかりしていて、下級生を引っ張ってくれたことは大きかったと思います。試合に出るのは、ほとんど僕たち1年生と2年生数人でしたが、3年生の皆さんが先生の言葉を噛み砕いて説明してくれたり、モチベーション高く鼓舞して、リーダーシップをとってくれたのです。本当に尊敬できる先輩方でしたね。

2年生になると、小嶺先生も毎日練習に顔を出して指導をしてくれるようになりましたが、チームはなかなか勝つことができません。正直なところ、かなり悩んだ時期もありました。一番苦しかったのが、インターハイ予選で負けたときです。2年生で全国大会に出場し、プロのスカウトなどに自分をアピールしたいと思っていたのですが、予選の準々決勝で長崎日大高に1－2で敗退。気持ちが完全に切れてしまいました。

「このチームでは勝てない。全国大会に行けない」とショックを受けて、「転校しよう」と。具体的に誘いがあったわけではありません。単純にこのチームでは未来が見えないと感じてしまったわけです。朝練習と全体練習には参加していましたが、大会から数日が経ったある日の練習後、「雅和、このあと寮監室に来なさい」と先生に声をかけられました。気持ちに気づいているのだなと分かりましたが、心のモヤモヤは深く残ったままでしたから、正直に感じていることを打ち明けようと思いました。寮監室で2人だけになると、先生は「雅和、最近何か思っていることがあるんじゃないか」と。そこで私は「勝てる気がしないので転校しようかなと考えています」と素直に伝えました。怒られるのは覚悟の上です。ところが、先生は真剣な表情で「正直、気持ちは分かる」とおっしゃったのです。驚いていると、続けて「気持ちは分かるけど、だまされたと思って構わないから、俺についてきてくれないか」。この言葉は、心の奥底まで突き刺さりました。さらに「俺が3年間、しっかりと指導をしたら必ず全国に行けるから。今はきついかもしれないが、来年は絶対に笑っているから。もう一度、俺を信じてくれ」と言われ、涙が止まりませんでした。

自分は小嶺先生に憧れて、指導を受けたくてここに来たのに、それを中途半端に投げ出しては絶対にいけない。この人を裏切ってはいけないと考え直し、それまで抱いていたモヤモヤが一気に晴れました。その後、先生とはしばらくとりとめのない話をしましたが、話していくうちに、どんどん先生が大きく見えてきます。先生は、初めてお会いしたときからずっと変わっていない。変わってしまったのは自分のほうでした。勝てないことを周りのせいにしてしまっていた。先生はそのことに気づかせてくれました。

厳しい指導で2度の全国へ 中途半端な人間にならないよう 諭してくれた先生の教え

この日を境に、小嶺先生の私に対する接し方はさらに厳しくなりました。より本気で私のために、チームのために接してくれているように感じました。だからこそ必死で食らいつきました。選手権予選ではまたしても準々決勝で長崎日大に0－1で敗れ、ショックを受けましたが、「来年は必ず出る」と気持ちを切り替えました。

最終学年になると、1年生に安藤翼など優秀な後輩が入ったことで、全学年が一丸となることができました。迎えたインターハイ予選。鬼門となっていた準々決勝で島原商高と対戦し、なかなか点を奪えない苦しい展開ではあったものの、終了間際にゴールを決めて勝利。全員で応援団のもとに走っていき、メチャクチャに喜びました。ところが、試合後の先生は怒っていて、「こんなところで喜んでいたら、全国では絶対に勝てないぞ」と。私たちも「確かにそうだ。俺たちの目標はここじゃない」と思い返し、気が引き締まりました。

準決勝の厳しい戦いも落ち着いてプレーすることができて、決勝では諫早商高を2－1で下し、ついに全国大会初出場をつかみ取ることができました。そしてここでも先生は「県で勝ったくらいで喜ぶな。勝って兜の緒を締めよ、だ」と。でも、先生は確かに厳しいのですが、私たちの考えにも耳を傾けてくれる方でした。もともと持っていたイメージは、もっとワンマンにチームを指揮する監督だったのですが、試合中に「どう動きたい?」「どこを狙っている?」などと問いかけてくることも多く、一緒になって考えてくれたり、私たちの意見を尊重してくれたりもしました。自分の考えを押し付けるのではなく、コミュニケーションを重ねてくれるタイプの指導者というわけです。

そして、サッカーを離れれば、本当に『気のいいおじいちゃん』。寮にもよく泊まっていましたが、冗談で私たちを笑わせてくれることも多々ありましたし、逆に私たちが先生をイジることもありました。国見の卒業生の方にそれを話すと、「俺らのときじゃ考えられない」と言うのですが……。ピッチ外での先生と選手たちとの距離は、かなり近かったと思います。僕らにとって小嶺先生は、先生であり、サッカーの指導者であり、お父さんであり、おじいちゃんでした。

インターハイで初めての全国を経験したあと、選手権予選も決勝まで勝ち上がり、因縁の相手である長崎日大に3－1で勝利して、選手権初出場も手にすることができました。試合後の小嶺先生は「ここからがスタートだ」と相変わらず厳しかったのですが、寮に帰ってハイライト映像を見ると、優勝が決まった瞬間に一度大きくガッツポーズをする先生の姿が映っていたのです。驚きましたが、「先生もうれしかったんだな」と思うと、少しは孝行できたかなと思いましたね。選手権では2勝してベスト16まで進むことができ、一つの歴史は刻めたかなと感じましたし、それ以上に「あのとき、あきらめなくて本当によかった」と思いました。

私は先生から、とてつもなく大きなことを学びました。継続する力、信じてやり続ける力の大切さです。もし、あの時に転校していたら、プロにもなれていなかったかもしれませんし、サッカー以外のことでもすぐにあきらめたり、投げ出したりする人間になっていたかもしれません。仮に私があのとき、真剣に状況に向き合い、きちんとビジョンを持った上で「転校したい」と伝えていたら、先生は引き止めなかったでしょう。おそらく、先生は一時の感情で、安易な方向に逃げようとしていた私を引き止めてくれたのだと思います。「このまま転校を許したら中途半端な人間になる。将来的に大きな影響が出る」と判断してくれたのかな、と。「俺を信じてほしい」なんて、軽はずみには言えない言葉ですし、実際に先生は翌日から、本気のスイッチをさらに激しく入れて厳しく接してくれました。有言実行する先生の姿は、本当にカッコよかった。同じような生き方はできないかもしれないですが、先生のように信念を持ち、ブレずに努力をし続けられる人間になりたいと、卒業するときにあらためて思いました。先生のおかげで、僕の中に『一生の師』ができたのです。

このエピソードはこれまで誰にも話してこなかったので、この本を読んだ同級生や後輩たちは、「だからあんなに急に厳しくなったのか」と思うかもしれません（笑）。「余計なことをしやがって」と言われても仕方がないくらい、あの日から、先生も私も目の色が変わりましたから。

「自信と過信は紙一重」今も耳に届く先生の言葉に後押しされて生きている

小嶺先生は年齢を重ねても、常に向上心を持ち続けていた印象があります。私がV・ファーレン長崎に加入したときに、練習見学に来られたことがありました。はじめは「私のことを見に来てくれたのかな」と思ったのですが、練習後、気づいたらもう姿がありません。「何しに来たんだろう？」と思いながら帰宅すると、電話がかかってきて、「あの練習はどういう意図でやっているんだ？」とか、「ＣＫはどのようなアプローチでやっているんだ？」などと質問攻めに遭って驚きました。つまり、先生は私たちではなく、Ｖ・ファーレンの練習そのものを見に来ていたのです。これだけキャリアがあっても、まだ勉強しようとする姿勢は、本当にすごいな、とあらためて思いました。

私がゴールを決めて報告すると、すでに知っていて祝福してくれました。いろいろと人生の壁にぶち当たったときは、先生の言葉が聞きたくなります。先生の訃報は、一般に報道される前日に聞きました。体調を崩されているのは知っていましたが、そんな様子は表に出さず元気にされていたので、一報を受けたときは気持ちの整理がつきませんでした。私にとってはもちろん、長崎県、日本サッカー界においてもかけがえのない方を失った気持ちがします。実は、亡くなる前に私から一度電話をしていたのです。そのときはつながらず、「選手権前だし、忙しいのかな」と思い、それ以降はかけませんでした。もう一度電話をかけていればよかったと、後悔しています。

先生はずっと私の心の中で生き続けています。本当の教育者で、人間性を育んでくれる人。選手に対して、あそこまで愛情を注いでくれる人はそういません。私の座右の銘は「自信と過信は紙一重」ですが、これは先生の言葉でもあります。私の核となる部分には、常に先生の教えがある。そして何かあるごとに、その言葉が生きた声で私の耳に届くのです。その声に背中を押されて、前に進めていると思います。

これからは教え子の一人として、先生の偉大さ、絆、教えを大切にし、子どもたちに伝えていきたいです。先生がもうこの世にいないということが、今でも信じられません。常に明るくて、いつもそばにいる。距離が近くて、心がつながっている。今、電話をかけても、いつもと同じように出てくれるような気がします。一切飾らず、自然体でおられた小嶺先生。その偉大さを忘れることなく、いつまでも大切にしたいと思っています。

2012年に長崎総合科学大附高を初の選手権出場へと導く

CHAPTER Ⅲ
小嶺イズムの証言者

安藤瑞季

現・水戸ホーリーホック　FW

２０１６年　選手権２回戦／２０１７年　選手権ベスト８

「先生から教わった、物事に向き合う大切さ、厳しさ、ストイックさを忘れてはいけない。サッカーに対する純粋な気持ちが変わらない人間でありたい」

あんどう・みずき●1999年7月19日生まれ、大分県津久見市出身。FW。長崎総合科学大附高では2、3年時に選手権に出場。両大会で優秀選手に選ばれ、3年時はベスト8進出に貢献した。2018年にC大阪に加入。20年に町田に期限付き移籍し、33試合7得点でブレイク。翌21年は水戸に完全移籍し、22年までの2シーズンで66試合出場9得点。背番号「9」を託される生粋のゴールハンター。同じく長崎総合科学大附高出身で、相模原でプレーする安藤翼は実兄

兄に負けないことを証明したい――「どこそれ？」だった総附が憧れに変わるまで

長崎総合科学大附高（総附）に進学したのは、3学年上の兄・翼の影響が大きいです。生まれも育ちも大分県の私にとって、それまで長崎の強豪と言えば、「国見高」だと思っていましたが、総附のことは正直まったく知りませんでしたので、兄が「総附に行く」と聞いたときは、「どこそれ？」でした。当時の総附は小嶺先生が監督に就任したものの、全国大会には一度も出られていない状況。兄が「行く」と決めたこと自体に驚きました。当時の兄は年代別日本代表にも選ばれていて、大分トリニータU－18からも声がかかっていたので、間違いなくそちらへ行くものだと思っていましたからね。

兄が総附に進み、私が中学生になると、長崎に行く機会が増えました。私が所属していた佐伯S－PLAY MINAMIが島原半島のフェスティバルに参加したり、家族で兄の試合を見に行ったりしたので、縁ができました。兄は1年生からレギュラーで試合に出て、インターハイ初出場、選手権初出場を果たしました。選手権長崎県予選の決勝に家族で応援に行ったときには、『翼の弟』ということもあり、テレビで紹介もされました。当時、中学1年生だった僕は、このころから「高校は総附に行きたい」と思うようになりました。身内ながら兄もすごかったのですが、3年生の吉岡雅和君も本当にうまかったですし、かつ小嶺先生が国見を何度も全国優勝に導いた人だと知って、「これからは総附がもっと強くなる」と感じたからです。

私が中学3年生になるころには、総附は全国的にも知られる存在になっていました。ありがたいことに国見からも声をかけていただいたのですが、総附に行くことに迷いはありませんでした。実は、総附に行くことを兄に相談すると、「正直きついぞ。お前はやめたほうがいい」と言われてしまいました。それは僕の性格をよく知っているからこそ、厳しい環境に途中で音を上げてしまうのではないか、と思ったのでしょう。でも、私には別のモチベーションがありました。それは、小さいころから優秀だった兄とずっと比べられてきたこと。最初はいやでいやで仕方がなかったのですが、次第に「絶対に兄より上に行きたい」と考えるようになっていて、ならば高校も兄と同じところに進み、比較されることを避けられない場所で自分を鍛えたいと思ったからです。

兄とは入れ替わりにはなるのですが、兄がいたチームで3年間頑張り、自分が兄には負けていないことを証明する――。覚悟は決まっていましたね。

総附には、中学3年生の段階でBチームの遠征に呼んでもらいました。目の当たりにしたのは兄が言っていたとおりの厳しい練習だったのですが、それでも私は「ここで頑張れば絶対に成長できる」と確信が持てました。

3年間、怒られ続け、一度だけ褒めてくれたときに知る先生の偉大さ

小嶺先生は1年生の時からとても厳しかったです。印象的だったのが、朝練習のときに車の中にいる先生の姿です。朝練は6時から大学の体育館で行われ、集合時間は5時50分。私たちはその10分前の5時40分には着くようにしていましたが、いつも駐車場には先生の

車が止まっていて、車内で新聞を読んでいるのです。そして、50分になると車から降りて私たちのところに来る。あの姿がずっと印象に残っています。

名将と呼ばれる方なのに、スタッフ任せにすることはせず、朝練は誰よりも早く来て、放課後の練習も最初から最後までグラウンドに立っているのです。さらに、遠征になると自らマイクロバスを長距離運転して、私たちを遠くまで連れていってくれる。「一体いつ寝ているんだ？」と思うほど、ずっと寄り添ってくれていました。ですから、どんなに先生から厳しいことを言われても、信じられましたし、「なにクソ」と思いながらも話に耳を傾けました。

3年間を通じて、私は本当にたくさん怒られました。私の性格もあって、周りに要求をするのですが、熱くなると、どうしても語気が強くなってしまい、態度に出てしまう。そのたびに先生に呼ばれていたのです。「怒られた」というよりも、「諭してくれていた」というほうが正しいかもしれません。「お前はあまり強く要求をするな。確かにお前は年代別の代表に行っているし、意識が高いのは分かる。周りもお前のことをもちろん認めている。でも、周りがまだそのレベルについていけていない。もっと彼らに伝わるように、『瑞季のために何とかしたい』と思わせるような言葉を発しろ。言い方を考えるんだ」などと、よくたしなめられました。

そんな厳しい先生に、一度だけ褒められたことがあります。3年生のときにU－18日本代表に選ばれて海外遠征に行くことになったのですが、先生が長崎空港まで車で送ってくれました。それまでも空港への送り迎えはしてもらっていたのですが、先生と2人きりになったのはこれが初めて。すると、道中「瑞季はよく頑張っているな」と褒めてくれたのです。突然過ぎてビックリしました。続けて、進路の話になりました。ありがたいことに、このころは複数のクラブからお誘いをいただき、どこに行くべきか悩んでいた時期。先生は「(大久保)嘉人はアビスパ福岡にほぼ決まっていたのに、直前でセレッソ大阪に変えたんだぞ。しかも、会見に向かっている途中に変えたんだ。お前にそこまでしろとは言わない。でも、進路を決めるということはそれだけ大事なことだ。チームは最後の最後まで考えて決めろ。ただ、お前がどこに行こうがサポートするし、応援しているぞ」と。言葉にできないくらいうれしかったのを覚えています。と同時に、先生は私に対して厳しかったけれど、いろいろ考えて、心を鬼にして教えてくれていたことを理解しました。

たまに私だけ怒られたり、走らされたりすることもあって、「なんで俺だけ？」と腹が立つこともあったのですが、そこにも意味があったのです。私が勘違いをしないために。先生は人として大切なことを、ずっと教えてくれていました。それが分かったとき、もともと大きかった先生の存在が、さらに私の中で大きくなりました。正直なところ、それまでは「クソたぬき親父」と思っていたのですが（笑）、「やっぱりこの人について行けば、正しい方向に進める」と心から感じましたね。長崎空港に着いて、車から降りるときも、先生は「お前なら大丈夫だ」と言ってくれました。

出られなかった大会前の電話 最後まで愛情を持って接してくれた先生

小嶺先生はサッカーに対して一切の妥協がなく、甘えがありません。年を重ねられても「選手のために俺はやるんだ」という信念、執念がすさまじかった。当時、先生はお腹にインスリン注射を打っていました。3年生のとき、遠征先でのミーティング後、呼ばれて行くと、「インスリンを打ってくれ」と。人に注射をした経験など当然なかったので、ちょっと驚きましたが、打ったあとは「よかばい」。思えばこのときから、体調は万全ではなかったのかなと。体調面で「大丈夫かな」と感じたのは、3年間でその一度だけですし、ほかの選手も知らなかったと思います。

卒業後、私はセレッソ大阪に進みました。それ以降、先生とお会いするのは、選手権の宿舎に差し入れを持っていくときくらいでしたが、何度か電話はしています。いつも先生から連絡をいただいて、「何しよるか？　ちゃんとやっているか？」と心配してくれました。卒業後もずっと、私のことを思って接してくれていたのです。

プロ1年目の試合で、レッドカードをもらって退場したときも、電話をいただき、「それくらいの気持ちがあってもいいが、あまり感情を出し過ぎるのはよくないぞ。熱くなったらダメだ。ケロっとした感じにしておいたほうがいいぞ」とアドバイスをいただきましたね。逆に私から連絡を入れたのは、水戸ホーリーホックに移籍をしたときです。完全移籍で水戸に行く覚悟を固めたのですが、プロになるときに「セレッソで活躍します」と先生に約束していたので、正直、後ろめたさもありました。申し訳ない気持ちもあって、何て言おうかと悩みました。しかし、「先生に嘘をついてはいけない」と思い、「セレッソでは結果を出せませんでしたが、移籍をするなら完全移籍して、一から頑張ります」と素直に伝えました。

すると先生は、「そうか、じゃあやるしかないな」と。「なぜだ？　あきらめるのか？」と言われると思ったのですが、すぐに僕の意思を尊重し、エールを送ってくれました。世間話も少ししたのですが、もう先生には完全に僕の心を読まれているような気がしていました。

小嶺先生にとって最後の選手権（２０２１年度）となった大会の前にも、実は電話をいただいていたんです。すぐには出られず、しばらくしてかけ直したのですが、先生は出られませんでした。「忙しいのかな？　何の用事だろう」と思いましたが、「選手権でお会いできるから、そのときに話そう」と考え、大会前に宿舎を訪問しました。ところが、そこに先生はいません。体調を崩して入院していたなんて、まったく知りませんでした。ちょうど僕の同期がチームの手伝いで帯同していたので、「先生はどうしたの？」と聞くと、すごく神妙な表情になり、そこで察しました。

先生は最後までみんなに心配をかけないように、ＯＢの私たちに対して、体調について伝えることを良しとしなかったそうです。10年前に体調を崩して入院したことがあるのも、後になって知りました。先生にはもっと、自分の体をいたわってほしかったというのが本音です。

先生は、自ら勧誘して入ってきた選手に後ろ向きな思いをさせないよう、最後まで面倒を見ようとする人でした。在学中も、「こうして選手たちがここに集まって一生懸命やってくれているのに対して、俺たち指導者が真剣に向き合わない理由がない」と、ずっと言い続けていました。そういう気持ちを最後まで貫いた人でした。本当に信念、情熱、愛情の人。とんでもなく大きな人です。先生のように、人に対して愛情を持ちながら、厳しくできる方はそうはいません。私も先生から教わった、物事に向き合う大切さ、厳しさ、ストイックさを忘れてはいけないですし、サッカーに対する純粋な気持ちは年を重ねても、いつまでも変わらない人間でありたいと思っています。

今でも、あの電話は何だったのかなと考えることがあります。何か伝えたいことがあったのではないか、と。なぜあのとき出られなかったのか。なぜすぐに折り返さなかったのか。正直、今でも後悔をしています。せめて最後、先生の声を聞きたかった。話したかった。今でも突然、電話がかかってくるのではないかという気がしています。

先生がいたからこそ、今の僕がいる。少しでも先生の遺志を引き継げるように、これからも生きていきたいと思います。

テクニカルエリアで指示を飛ばす小嶺監督

CHAPTER Ⅲ 小嶺イズムの証言者

村山 聡

長崎総合科学大 小嶺ゼミ
現・長崎総合科学大附高サッカー部ダイレクター

「小嶺先生は最後の最後まで執念の人でした」

むらやま・さとし● 1989年11月 26日生まれ、長崎県長崎市出身。長崎総合科学大附高から長崎総合科学大に進み、小嶺ゼミ生に。ゼミ生の活動の一環として、小嶺忠敏が当時社長を務めていた V・ファーレン長崎の運営ボランティアを経験。在学中に JFAスポーツマネジャーGRADE 3（JFAスポーツマネジャーの最高位）を当時史上最年少で取得。大学卒業後の2012年４月より長崎総合科学大附高職員となり、同校サッカー部主務、コーチなどを歴任し、現在は同部ダイレクターを務める

小嶺忠敏監督に薫陶を受け、それぞれのフィールドで活躍する教え子たち。最後に本書をしめくくるのは、小嶺監督にとってはサッカー部での〝教え子〟ではないものの、長崎総合科学大の『小嶺ゼミ』を受講したことをきっかけに、〝チーム小嶺〟のスタッフとなった村山聡さん。現在は長崎総合科学大附高サッカー部ダイレクターを務める。小嶺監督の晩年にはコミュニケーションを密にとった村山さんが語る、最後まで変わることのなかった情熱と愛情――。

◎

先生は体調の悪い様子を周りに一切見せませんでしたし、弱音を吐くこともありませんでした。一度理由を聞くと、「自分が声をかけて呼んできた選手たちだからこそ、最後まで面倒を見ないといけないんだ。そんな姿を見せられるか」と話していました。

それでも、最後の1年間は本当につらそうでした。2021年8月の福井インターハイの際には、初戦で青森山田高に負けたあと、一緒に東尋坊へ観光に行くなど、先生と2人で行動を共にし、いろいろな話をしました。そこでは「俺もこの先、長くないからな」と弱音を吐くことも。その帰りは、すぐに長崎の病院に戻るなど、決して体調がよいわけではありませんでした。そして、選手権予選後、先生の体調はさらに悪化し、入院。その際、余命宣告を受けたことをご家族から聞きました。

入院中の12月1日に、選手権に向けたメディアの囲み取材をすでにセッティングしていたのです。「先生、そんな無理してやる必要ないですよ。しかも、病院からやったら入院していることがバレてしまいますよ」とお伝えしたのですが、「いや、約束は守らないかんばい」と、病院から一度学校まで移動し、オンラインで取材を受けたのです。もう、執念の一言でした。

12月上旬に高川学園高に遠征した際も、2日前まで入院していたにもかかわらず、「遠征に行く」と、車で山口に向かいました。座った状態でいることができないため、ワゴン車の後部座席をフルフラットにして、体を横にした状態での移動。それでも、先生はグラウンドに着くと、それまでの姿が嘘のように自分の足で歩き、試合中もベンチに座っていました。その後も、寮に泊まって練習に顔を出し続けましたが、移動の際は常に体を横たえていました。見ていて本当につらいものでした。

12月18日、大村市で行なわれたプリンスリーグ九州参入戦の鵬翔高戦もベンチに入りましたが、その試合後に倒れられてからは昏睡状態に。ご家族から「この3日間が山です」と伝えられ、私も覚悟をしました。ところが、12月25日に先生から電話があり、出ると「東京（※選手権）に行くぞ。チケットを用意してくれ」と言うのです。さすがに驚きました。しかし、それ以降、先生から電話がかかってくることはありませんでした。

それから私も選手たちと一緒に東京に移動しましたから、先生がどのような状態なのか知ることはできません。「先生は東京に来られない」と選手たちに伝えたのは、選手権開幕直前のことです。先生はずっと昏睡状態だったそうですが、それでも、ご家族の話では、総附の試合の時間だけは目を覚まし、テレビを見つめていたそうです。先生は最後の最後まで執念の人でした。つらいとか、しんどいなどと、決して口にしませんでした。

先生は寮でよく寝泊りをされていましたが、印象的だったのは、部屋でずっとお孫さんとテレビ電話で話をしている姿です。手を振ったり、優しい笑顔を見せたりして、完全に孫が大好きなおじいちゃんの姿でした。あの笑顔は、ずっと頭に残っています。

小嶺先生、長年サッカー界に、選手たちに、私たちスタッフに、情熱を注いでくださり、
本当にありがとうございました。

PROFILE

小嶺忠敏

[略歴]

こみね・ただとし● 1945年6月24日生まれ、長崎県南高来郡堂崎村（現・南島原市）出身。中学時代はバレーボール部に所属。島原商高でサッカー部に所属し、3年時には主将を務め、九州選抜でもプレー。大阪商業大へ進学し、サッカー部に所属。卒業後の68年に島原商高に赴任し、サッカー部監督に就任。チームを鍛え上げ、77年にインターハイで初優勝を飾る。84年に国見高へ赴任。自らマイクロバスを運転して全国に武者修行に出るなど、ここでもサッカー部の強化に乗り出す。この結果、選手権で戦後最多タイの6度の優勝を誇る全国的な強豪校に育て上げた。この間、国見高では 97～ 99年度は教頭、2000～ 05年度は校長を歴任した。06年3月に国見高を定年退職後は、長崎県サッカー協会会長、V・ファーレン長崎スポーツコミュニティ理事長などを歴任したのち、2007年に衆議院議員選挙に出馬、当選はならなかった。この後、長崎総合科学大附高で 08年以降、総監督、監督を歴任。22年1月7日、永眠。プロや指導者となった教え子も多く、サッカー界に与えた影響は計り知れない

[主な実績]

■インターハイ優勝　6回（1977年、1986年、1993年、2000年、2003年、2004年）
■全日本ユース優勝　2回（2001年、2002年）
■高校選手権優勝　6回（1987年、1990年、1992年、2000年、2001年、2003年）

取材　安藤隆人
写真　ベースボール・マガジン社
装丁　イエロースパー

教《おし》え子《ご》12人《にん》の証言《しょうげん》で蘇《よみがえ》る——

小《こ》嶺《みね》忠《ただ》敏《とし》

愛《あい》と情《じょう》熱《ねつ》の指《し》揮《き》官《かん》

2023年4月30日　第1版第1刷発行

編　集　　サッカーマガジン
発行人　　池田哲雄
発行所　　株式会社ベースボール・マガジン社
〒103-8482
東京都中央区日本橋浜町 2-61-9 TIE 浜町ビル
電話 03-5643-3930（販売部）
03-5643-3885（出版部）
振替口座 00180-6-46620
https://www.bbm-japan.com/

印刷・製本／広研印刷株式会社

ISBN978-4-583-11581-8 C0075